中华人民共和国行业标准

公路圬工桥涵设计规范

Code for Design of Highway Masonry Bridges and Culverts

JTG D61—2005

主编单位：中交公路规划设计院
批准部门：中华人民共和国交通部
实施日期：2005 年 11 月 01 日

人民交通出版社股份有限公司

图书在版编目(CIP)数据

公路圬工桥涵设计规范：JTG D61—2005 / 中交公路规划设计院主编. — 北京：人民交通出版社股份有限公司，2016.9

ISBN 978-7-114-13355-8

Ⅰ.①公… Ⅱ.①中… Ⅲ.①公路桥—桥涵工程—设计规范-中国 Ⅳ.①U448.142.5-65

中国版本图书馆 CIP 数据核字(2016)第 231712 号

标准类型：中华人民共和国行业标准
标准名称：公路圬工桥涵设计规范
标准编号：JTG D61—2005
主编单位：中交公路规划设计院
出版发行：人民交通出版社股份有限公司
地 址：(100011)北京市朝阳区安定门外外馆斜街 3 号
网 址：http://www.ccpress.com.cn
销售电话：(010)59757973
总 经 销：人民交通出版社股份有限公司发行部
经 销：各地新华书店
印 刷：北京市密东印刷有限公司
开 本：880×1230 1/16
印 张：5
字 数：97 千
版 次：2016 年 9 月 第 1 版
印 次：2019 年 1 月 第 2 次印刷
书 号：ISBN 978-7-114-13355-8
定 价：30.00 元

(有印刷、装订质量问题的图书，由本公司负责调换)

中华人民共和国交通运输部

公 告

第 75 号

交通运输部关于发布《公路工程水质分析操作规程》等 14 项公路工程行业标准复审结论的公告(节选)

……

《公路圬工桥涵设计规范》(JTG D61—2005)复审结论为局部修订,将其第 5.3.4 条修订为:"预制构件的吊环应采用 HPB300 钢筋制作,严禁使用冷加工钢筋。每个吊环按两肢截面计算,在构件自重标准值作用下,吊环应力不应大于 50MPa。当一个构件设有四个吊环时,设计仅考虑三个吊环同时发挥作用。吊环埋入混凝土的深度不应小于 35 倍吊环钢筋直径,端部应做成 180°弯钩,且与构件内钢筋焊接或绑扎。吊环内直径不应小于 3 倍钢筋直径,且不应小于 60mm。"

特此公告。

附件:复审项目清单(略)

中华人民共和国交通运输部
2014 年 12 月 30 日

中华人民共和国交通部

公 告

第 12 号

关于发布《公路圬工桥涵设计规范》（JTG D61—2005）的公告

现发布《公路圬工桥涵设计规范》(JTG D61—2005)，自 2005 年 11 月 1 日起施行，原《公路砖石及混凝土桥涵设计规范》(JTJ 022—85) 同时废止。

《公路圬工桥涵设计规范》(JTG D61—2005) 中第 3.2.1、3.3.1、3.3.2、3.3.3、3.3.4、4.0.3、4.0.4、5.3.4 为强制性条文，必须按照国家有关工程建设标准强制性条文的有关规定严格执行。《工程建设标准强制性条文》(公路工程部分)2002 版中关于《公路砖石及混凝土桥涵设计规范》(JTJ 022—85)的强制性条文同时废止。

《公路圬工桥涵设计规范》(JTG D61—2005) 由中交公路规划设计院负责编制，规范的解释权和管理权归交通部，日常解释及管理工作由中交公路规划设计院负责。

请各有关单位在实践中注意积累资料，总结经验，及时将发现的问题和修改意见函告中交公路规划设计院（地址：北京市东四前炒面胡同 33 号，邮政编码：100010，联系电话：010—65279988 转 1210 分机），以便修订时参考。

特此公告。

中华人民共和国交通部
二〇〇五年八月十六日

前　言

本规范系根据中华人民共和国交通部交公路发〔1999〕739号文《关于下达1999年度公路建设标准规范、定额等编制、修订工作计划的通知》的要求，对《公路砖石及混凝土桥涵设计规范》(JTJ 022—85)进行修订而成，并根据本规范编制大纲审查会议纪要的精神，将规范名称改为《公路圬工桥涵设计规范》。

在修订过程中，规范修订组吸取了国内有关单位的研究成果和实际工程设计经验，借鉴了国际先进的标准规范，与国内相关规范作了比较和协调。在规范条文初稿编写完成以后，通过多种方式广泛地征求了有关单位和个人的意见，对规范的主要内容进行了试算比较，经反复讨论、修改和充实，最后由交通部会同有关部门审查定稿。

修订后的规范共有7章2个附录，修订的主要内容包括：

1. 按《公路工程结构可靠度设计统一标准》(GB/T 50283—1999)的规定，采用了以概率理论为基础的极限状态设计方法。

2. 按《工程结构设计基本术语和通用符号》(GBJ 132—90)的规定，修改了符号并列出了基本名词术语。

3. 增加了有关加筋土桥台方面的内容。

4. 在材料方面，取消了砖材料，采用了新的符合国家标准的石材、混凝土和砂浆强度等级。按极限状态设计方法，制定了各种材料的强度设计值。

5. 适度提高了材料最低强度等级的规定，提出了耐久性要求。

6. 对原规范圬工偏心受压计算作了适当修正和改进。

请有关单位在执行本规范的过程中，注意总结经验，积累资料，随时将问题和建议函告中交公路规划设计院(北京东四前炒面胡同33号，邮编100010)，以供再次修订时参考。

主 编 单 位：中交公路规划设计院
参 编 单 位：长安大学
　　　　　　　湖南省交通规划勘察设计院
　　　　　　　四川省交通厅公路规划勘察设计研究院
主要起草人：鲍卫刚　李扬海　袁伦一　胡大琳
　　　　　　　张贵明　胡建华　范远才

目 次

1 总则 ·· 1
2 术语和符号 ·· 2
  2.1 术语 ··· 2
  2.2 符号 ··· 3
3 材料 ·· 5
  3.1 材料强度等级 ·· 5
  3.2 材料基本要求 ·· 6
  3.3 材料设计指标 ·· 7
4 构件设计与计算 ··· 11
5 拱桥 ·· 18
  5.1 拱桥计算 ·· 18
  5.2 拱桥构造 ·· 20
  5.3 拱桥施工阶段验算 ·· 22
6 墩台 ·· 23
  6.1 一般规定 ·· 23
  6.2 梁、板式桥墩台 ··· 24
  6.3 拱桥墩台 ·· 27
7 涵洞 ·· 29
附录 A 石材试件强度的换算系数及石砌体分类 ··· 31
附录 B 拱桥预拱度的计算与设置 ··· 32
本规范用词说明 ·· 35
附件 《公路圬工桥涵设计规范》(JTG D61—2005) 条文说明 ································· 37

1 总则

1.0.1 为在圬工桥涵设计中贯彻执行国家的技术经济政策,合理地选择桥涵结构方案和建筑材料,做到技术先进、安全可靠、适用耐久、经济合理,制定本规范。

1.0.2 本规范适用于一般公路圬工桥涵的结构设计。

1.0.3 本规范根据《公路工程结构可靠度设计统一标准》(GB/T 50283)规定的原则与方法制订。

1.0.4 采用本规范进行公路圬工桥涵的结构设计时,尚应符合相关国家标准、规范的规定。

2 术语和符号

2.1 术语

2.1.1 圬工桥涵 masonry bridge and culvert

以石材或混凝土包括以其块件和砂浆或小石子混凝土结合而成的砌体作为建筑材料,所建成的桥梁和涵洞。

2.1.2 极限状态 limit state

整体结构或结构的一部分超过某一特定状态就不能满足设计规定的某一功能要求时,此特定状态为该功能的极限状态。

2.1.3 材料强度标准值 characteristic value of material strength

设计结构构件时采用的材料强度的基本代表值。该值可根据符合规定标准的材料,取其强度概率分布的 0.05 分位值确定。

2.1.4 材料强度设计值 design value of material strength

材料强度标准值除以材料强度分项系数后的值。

2.1.5 作用 action

施加在结构上的集中力或分布力,如汽车、结构的自重等,称为直接作用,也称为荷载;引起结构外加变形或约束变形的原因,如地震、基础不均匀沉降、温度变化等,称为间接作用。两者统称为作用。

2.1.6 作用标准值 characteristic value of an action

作用的主要代表值。其值可根据设计基准期内最大概率分布的某一分位值确定。

2.1.7 作用效应 effect of an action

结构所受作用的反应,称为作用效应。如由作用产生的结构或构件的轴向力、弯矩、剪力、应力、裂缝和变形等。

2.1.8 安全等级 safety class

为使桥涵具有合理的安全性,根据桥涵结构破坏所产生后果的严重程度而划分的设计安全等级。

2.1.9 结构重要性系数 coefficient for importance of a structure

对不同安全等级的结构,为使其具有规定的可靠度而采用的作用效应附加的分项系数。

2.1.10 分项系数 partial safety factor

为保证所设计的结构或构件具有规定的可靠度,在结构极限状态设计表达式中采用的系数。分为作用分项系数和材料分项系数等。

2.2 符号

2.2.1 材料性能

MU——石材强度等级;

C——混凝土强度等级;

M——砂浆强度等级;

f_{ck}、f_{cd}——石材、混凝土、砌体轴心抗压强度标准值、设计值;

f_{tk}、f_{td}——砌体轴心抗拉强度标准值、设计值;

f_{tmk}、f_{tmd}——石材、混凝土、砌体弯曲抗拉强度标准值、设计值;

f_{vk}、f_{vd}——混凝土、砌体直接抗剪强度标准值、设计值;

E_c——混凝土受压弹性模量;

G_c——混凝土剪变模量;

E_m——砌体受压弹性模量;

G_m——砌体剪变模量。

2.2.2 作用效应

N_d——计入作用分项系数后的轴向力设计值;

M_d——计入作用分项系数后的弯矩设计值;

V_d——计入作用分项系数后的剪力设计值。

2.2.3 几何参数

A——截面面积;

A_l——局部承压面积;

A_b——局部承压计算底面积;

W——截面弹性抵抗矩;

S——截面面积矩；
e——轴向力的偏心矩；
s——截面重心至偏心方向截面边缘的距离；
i——弯曲平面内的截面回转半径；
r——圆形截面半径；
h——矩形截面高度；
b——矩形截面宽度；
l——构件支点间长度或跨径；
l_0——构件计算长度；
l_n——净跨径；
L_a——拱轴线长度。

2.2.4 计算系数

γ_0——结构重要性系数；
φ——砌体构件受压承载力影响系数、混凝土轴心受压构件弯曲系数或拱脚处拱轴线的切线与跨径的夹角；
m——截面形状系数或悬链线拱拱轴系数；
β——混凝土局部承压强度提高系数；
μ_f——摩擦系数。

3 材　料

3.1 材料强度等级

3.1.1 石材、混凝土和砂浆的强度等级，应按下列规定采用：
1 石材强度等级：MU120、MU100、MU80、MU60、MU50、MU40、MU30。
2 混凝土强度等级：C40、C35、C30、C25、C20、C15。
3 砂浆强度等级：M20、M15、M10、M7.5、M5。

注：(1)石材强度等级采用边长70mm的含水饱和的立方体试件的抗压强度(MPa)表示。抗压强度取三块试件平均值。
(2)混凝土强度等级的定义见《公路钢筋混凝土及预应力混凝土桥涵设计规范》(JTG D62—2004)。
(3)砂浆的强度等级采用边长70.7mm的标准立方体试件28d抗压强度(MPa)表示。抗压强度取三块试件平均值。

3.1.2 不同尺寸的石材试件强度换算系数及石砌体的分类可按附录A的规定采用。

3.2 材料基本要求

3.2.1 公路圬工桥涵结构物所使用的材料的最低强度等级应符合表3.2.1的规定。

表3.2.1　圬工材料的最低强度等级

结构物种类	材料最低强度等级	砌筑砂浆最低强度等级
拱圈	MU50 石材 C25 混凝土(现浇) C30 混凝土(预制块)	M10(大、中桥) M7.5(小桥涵)
大、中桥墩台及基础，轻型桥台	MU40 石材 C25 混凝土(现浇) C30 混凝土(预制块)	M7.5
小桥涵墩台、基础	MU30 石材 C20 混凝土(现浇) C25 混凝土(预制块)	M5

3.2.2 片石混凝土为混凝土中掺入不多于其体积20%的片石，片石强度等级不应低于

混凝土强度等级和本规范第 3.2.1 条规定的石材最低强度等级。片石混凝土各项强度、弹性模量和剪变模量可按同强度等级的混凝土采用。

3.2.3 累年最冷月平均温度低于或等于 -10℃ 的地区,所用的石材抗冻性指标应符合表 3.2.3 的规定。

表 3.2.3 石材抗冻性指标

结构物部位	大、中桥	小桥及涵洞
镶面或表面石材	50	25

注:(1)抗冻性指标,系指材料在含水饱和状态下经过 -15℃ 的冻结与 20℃ 融化的循环次数。试验后的材料应无明显损伤(裂缝、脱层),其强度不应低于试验前的 0.75 倍。
  (2)根据以往实践经验证明材料确有足够抗冻性能者,可不做抗冻试验。

3.2.4 石材应具有耐风化和抗侵蚀性。用于浸水或气候潮湿地区的受力结构的石材的软化系数不应低于 0.8。

注:软化系数系指石材在含水饱和状态下与干燥状态下试块极限抗压强度的比值。

3.2.5 结构混凝土应符合《公路钢筋混凝土及预应力混凝土桥涵设计规范》(JTG D62—2004)关于结构混凝土耐久性的要求。

3.3 材料设计指标

3.3.1 石材强度设计值应按表 3.3.1 的规定采用。

表 3.3.1 石材强度设计值(MPa)

强度类别 \ 强度等级	MU120	MU100	MU80	MU60	MU50	MU40	MU30
轴心抗压 f_{cd}	31.78	26.49	21.19	15.89	13.24	10.59	7.95
弯曲抗拉 f_{tmd}	2.18	1.82	1.45	1.09	0.91	0.73	0.55

3.3.2 混凝土强度设计值应按表 3.3.2 规定采用。

表 3.3.2 混凝土强度设计值(MPa)

强度类别 \ 强度等级	C40	C35	C30	C25	C20	C15
轴心抗压 f_{cd}	15.64	13.69	11.73	9.78	7.82	5.87
弯曲抗拉 f_{tmd}	1.24	1.14	1.04	0.92	0.80	0.66
直接抗剪 f_{vd}	2.48	2.28	2.09	1.85	1.59	1.32

3.3.3 砂浆砌体抗压强度设计值规定如下：

1 混凝土预制块砂浆砌体轴心抗压强度设计值 f_{cd} 应按表 3.3.3-1 的规定采用。

表 3.3.3-1 混凝土预制块砂浆砌体轴心抗压强度设计值 f_{cd}（MPa）

砌块强度等级	砂浆强度等级					砂浆强度
	M20	M15	M10	M7.5	M5	0
C40	8.25	7.04	5.84	5.24	4.64	2.06
C35	7.71	6.59	5.47	4.90	4.34	1.93
C30	7.14	6.10	5.06	4.54	4.02	1.79
C25	6.52	5.57	4.62	4.14	3.67	1.63
C20	5.83	4.98	4.13	3.70	3.28	1.46
C15	5.05	4.31	3.58	3.21	2.84	1.26

2 块石砂浆砌体轴心抗压强度设计值 f_{cd} 应按表 3.3.3-2 的规定采用。

表 3.3.3-2 块石砂浆砌体的轴心抗压强度设计值 f_{cd}（MPa）

砌块强度等级	砂浆强度等级					砂浆强度
	M20	M15	M10	M7.5	M5	0
MU120	8.42	7.19	5.96	5.35	4.73	2.10
MU100	7.68	6.56	5.44	4.88	4.32	1.92
MU80	6.87	5.87	4.87	4.37	3.86	1.72
MU60	5.95	5.08	4.22	3.78	3.35	1.49
MU50	5.43	4.64	3.85	3.45	3.05	1.36
MU40	4.86	4.15	3.44	3.09	2.73	1.21
MU30	4.21	3.59	2.98	2.67	2.37	1.05

注：对各类石砌体，应按表中数值分别乘以下列系数：细料石砌体为 1.5；半细料石砌体为 1.3；粗料石砌体为 1.2；干砌块石砌体可采用砂浆强度为零时的抗压强度设计值。

3 片石砂浆砌体轴心抗压强度设计值 f_{cd} 应按表 3.3.3-3 的规定采用。

表 3.3.3-3 片石砂浆砌体的轴心抗压强度设计值 f_{cd}（MPa）

砌块强度等级	砂浆强度等级					砂浆强度
	M20	M15	M10	M7.5	M5	0
MU120	1.97	1.68	1.39	1.25	1.11	0.33
MU100	1.80	1.54	1.27	1.14	1.01	0.30
MU80	1.61	1.37	1.14	1.02	0.90	0.27
MU60	1.39	1.19	0.99	0.88	0.78	0.23
MU50	1.27	1.09	0.90	0.81	0.71	0.21
MU40	1.14	0.97	0.81	0.72	0.64	0.19
MU30	0.98	0.84	0.70	0.63	0.55	0.16

注：干砌片石砌体可采用砂浆强度为零时的轴心抗压强度设计值。

4 各类砂浆砌体的轴心抗拉强度设计值 f_{td}、弯曲抗拉强度设计值 f_{tmd} 和直接抗剪强度设计值 f_{vd} 应按表 3.3.3-4 的规定采用。

表 3.3.3-4　砂浆砌体轴心抗拉、弯曲抗拉和直接抗剪强度设计值(MPa)

强度类别	破坏特征	砌体种类	砂浆强度等级				
			M20	M15	M10	M7.5	M5
轴心抗拉 f_{td}	齿缝	规则砌块砌体	0.104	0.090	0.073	0.063	0.052
		片石砌体	0.096	0.083	0.068	0.059	0.048
弯曲抗拉 f_{tmd}	齿缝	规则砌块砌体	0.122	0.105	0.086	0.074	0.061
		片石砌体	0.145	0.125	0.102	0.089	0.072
	通缝	规则砌块砌体	0.084	0.073	0.059	0.051	0.042
直接抗剪 f_{vd}	—	规则砌块砌体	0.104	0.090	0.073	0.063	0.052
		片石砌体	0.241	0.208	0.170	0.147	0.120

注:(1)砌体龄期为 28d。
　　(2)规则砌块砌体包括:块石砌体、粗料石砌体、半细料石砌体、细料石砌体、混凝土预制块砌体。
　　(3)规则砌块砌体在齿缝方向受剪时,系通过砌块和灰缝剪破。

5 施工阶段砂浆尚未硬化的新砌砌体的强度,可按砂浆强度为零进行验算。

3.3.4 小石子混凝土砌块石、片石砌体强度设计值应分别按表 3.3.4-1 和表 3.3.4-2 及表 3.3.4-3 的规定采用。

表 3.3.4-1　小石子混凝土砌块石砌体轴心抗压强度 f_{cd} 设计值(MPa)

石材强度等级	小石子混凝土强度等级					
	C40	C35	C30	C25	C20	C15
MU120	13.86	12.69	11.49	10.25	8.95	7.59
MU100	12.65	11.59	10.49	9.35	8.17	6.93
MU80	11.32	10.36	9.38	8.37	7.31	6.19
MU60	9.80	9.98	8.12	7.24	6.33	5.36
MU50	8.95	8.19	7.42	6.61	5.78	4.90
MU40	—	—	6.63	5.92	5.17	4.38
MU30	—	—	—	—	4.48	3.79

注:砌块为粗料石时,轴心抗压强度为表值乘 1.2;砌块为细料石时、半细料石时,轴心抗压强度为表值乘 1.4。

表3.3.4-2　小石子混凝土砌片石砌体轴心抗压强度设计值 f_{cd}（MPa）

石材强度等级	小石子混凝土强度等级			
	C30	C25	C20	C15
MU120	6.94	6.51	5.99	5.36
MU100	5.30	5.00	4.63	4.17
MU80	3.94	3.74	3.49	3.17
MU60	3.23	3.09	2.91	2.67
MU50	2.88	2.77	2.62	2.43
MU40	2.50	2.42	2.31	2.16
MU30	—	—	1.95	1.85

表3.3.4-3　小石子混凝土砌块石、片石砌体的轴心抗拉、弯曲抗拉和直接抗剪强度设计值（MPa）

强度类别	破坏特征	砌体种类	小石子混凝土强度等级					
			C40	C35	C30	C25	C20	C15
轴心抗拉 f_{td}	齿缝	块石砌体	0.285	0.267	0.247	0.226	0.202	0.175
		片石砌体	0.425	0.398	0.368	0.336	0.301	0.260
弯曲抗拉 f_{tmd}	齿缝	块石砌体	0.335	0.313	0.290	0.265	0.237	0.205
		片石砌体	0.493	0.461	0.427	0.387	0.349	0.300
	通缝	块石砌体	0.232	0.217	0.201	0.183	0.164	0.142
直接抗剪 f_{vd}	—	块石砌体	0.285	0.267	0.247	0.226	0.202	0.175
		片石砌体	0.425	0.398	0.368	0.336	0.301	0.260

注：对其他规则砌块砌体强度值为表内块石砌体强度值乘以下列系数：粗料石砌体0.7；细料石、半细料石砌体0.35。

3.3.5　混凝土及各类砌体的受压弹性模量、线膨胀系数和摩擦系数，应分别按表3.3.5-1～表3.3.5-4的规定采用。混凝土和砌体的剪变模量 G_c 和 G_m 分别取其受压弹性模量的0.4倍。

表3.3.5-1　混凝土的受压弹性模量 E_c（MPa）

混凝土强度等级	C40	C35	C30	C25	C20	C15
弹性模量 E_c	3.25×10^4	3.15×10^4	3.00×10^4	2.80×10^4	2.55×10^4	2.20×10^4

表3.3.5-2 各类砌体受压弹性模量 E_m（MPa）

砌体种类	砂浆强度等级				
	M20	M15	M10	M7.5	M5
混凝土预制块砌体	$1700f_{cd}$	$1700f_{cd}$	$1700f_{cd}$	$1600f_{cd}$	$1500f_{cd}$
粗料石、块石及片石砌体	7300	7300	7300	5650	4000
细料石、半细料石砌体	22000	22000	22000	17000	12000
小石子混凝土砌体	$2100f_{cd}$				

注：f_{cd}为砌轴心体抗压强度设计值。

表3.3.5-3 混凝土和砌体的线膨胀系数

砌体种类	线膨胀系数（10^{-6}/℃）
混凝土	10
混凝土预制块砌体	9
细料石、半细料石、粗料石、块石、片石砌体	8

表3.3.5-4 砌体的摩擦系数 μ_f

材料种类	摩擦面情况	
	干燥	潮湿
砌体沿砌体或混凝土滑动	0.70	0.60
木材沿砌体滑动	0.60	0.50
钢沿砌体滑动	0.45	0.35
砌体沿砂或卵石滑动	0.60	0.50
砌体沿粉土滑动	0.55	0.40
砌体沿粘性土滑动	0.50	0.30

3.3.6 混凝土收缩应变可按《公路钢筋混凝土及预应力混凝土桥涵设计规范》(JTG D62—2004)规定计算。

4 构件设计与计算

4.0.1 本规范采用以概率理论为基础的极限状态设计方法,采用分项系数的设计表达式进行计算。

4.0.2 圬工桥涵结构应按承载能力极限状态设计,并满足正常使用极限状态的要求。

注:根据圬工桥涵结构的特点,其正常使用极限状态的要求,一般情况下可由相应的构造措施来保证。

4.0.3 圬工桥涵结构的承载能力极限状态,应按表4.0.3规定的设计安全等级进行设计。

表 4.0.3 公路圬工桥涵结构设计安全等级

设计安全等级	桥 涵 结 构
一级	特大桥、重要大桥
二级	大桥、中桥、重要小桥
三级	小桥、涵洞

注:本表所列特大、大、中桥等系指《公路桥涵设计通用规范》(JTG D60—2004)规定的桥梁、涵洞,按其单孔跨径分类确定,对多孔不等跨桥梁,以其中最大跨径为准。本表冠以"重要"的大桥和小桥,系指高速公路和一级公路上、国防公路上及城市附近交通繁忙公路上的桥梁。

4.0.4 公路圬工桥涵结构按承载能力极限状态设计时,应采用下列表达式:

$$\gamma_0 S \leq R(f_d, a_d) \tag{4.0.4}$$

式中 γ_0——结构重要性系数,对应于表4.0.3规定的一级、二级、三级设计安全等级分别取用 **1.1、1.0、0.9**;

S——作用效应组合设计值,按《公路桥涵设计通用规范》(JTG D60—2004)的规定计算;

$R(\cdot)$——构件承载力设计值函数;

f_d——材料强度设计值;

a_d——几何参数设计值,可采用几何参数标准值 a_k,即设计文件规定值。

4.0.5 砌体(包括砌体与混凝土组合)受压构件,在本规范表4.0.9规定的受压偏心距限值范围内的承载力应按下列公式计算:

$$\gamma_0 N_d < \varphi A f_{cd} \tag{4.0.5}$$

式中　N_d——轴向力设计值；
　　　A——构件截面面积，对于组合截面按强度比换算，即 $A = A_0 + \eta_1 A_1 + \eta_2 A_2 + \cdots$，$A_0$ 为标准层截面面积，A_1、A_2、$\cdots$ 为其他层截面面积，$\eta_1 = f_{c1d}/f_{c0d}$、$\eta_2 = f_{c2d}/f_{c0d}$、$\cdots$，f_{c0d} 为标准层轴心抗压强度设计值，f_{c1d}、f_{c2d}、$\cdots$ 为其他层的轴心抗压强度设计值；
　　　f_{cd}——砌体或混凝土轴心抗压强度设计值，应按本规范第3.3.2条、第3.3.3条及第3.3.4条的规定采用；对组合截面应采用标准层轴心抗压强度设计值；
　　　φ——构件轴向力的偏心距 e 和长细比 β 对受压构件承载力的影响系数，按本规范第4.0.6条和第4.0.7条计算。

4.0.6 砌体偏心受压构件承载力影响系数 φ，按下列公式计算：

$$\varphi = \frac{1}{\dfrac{1}{\varphi_x} + \dfrac{1}{\varphi_y} - 1} \tag{4.0.6-1}$$

$$\varphi_x = \frac{1 - \left(\dfrac{e_x}{x}\right)^m}{1 + \left(\dfrac{e_x}{i_y}\right)^2} \cdot \frac{1}{1 + \alpha\beta_x(\beta_x - 3)\left[1 + 1.33\left(\dfrac{e_x}{i_y}\right)^2\right]} \tag{4.0.6-2}$$

$$\varphi_y = \frac{1 - \left(\dfrac{e_y}{y}\right)^m}{1 + \left(\dfrac{e_y}{i_x}\right)^2} \cdot \frac{1}{1 + \alpha\beta_y(\beta_y - 3)\left[1 + 1.33\left(\dfrac{e_y}{i_x}\right)^2\right]} \tag{4.0.6-3}$$

式中　φ_x、φ_y——分别为 x 方向和 y 方向偏心受压构件承载力影响系数；
　　　x、y——分别为 x 方向、y 方向截面重心至偏心方向的截面边缘的距离，见图4.0.6；
　　　e_x、e_y——轴向力在 x 方向、y 方向的偏心距，$e_x = M_{yd}/N_d$、$e_y = M_{xd}/N_d$，其值不应超过本规范表4.0.9及图4.0.9所示在 x 方向、y 方向的规定值，其中 M_{yd}、M_{xd} 分别为绕 x 轴、y 轴的弯矩设计值，N_d 为轴向力设计值，见图4.0.6；
　　　m——截面形状系数，对于圆形截面取2.5；对于T形或U形截面取3.5；对于箱形截面或矩形截面（包括两端设有曲线形或圆弧形的矩形墩身截面）取8.0；
　　　i_x、i_y——弯曲平面内的截面回转半径，$i_x = $

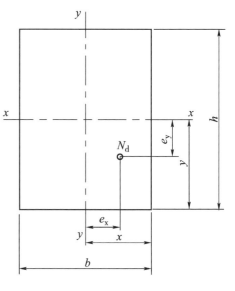

图4.0.6　砌体构件偏心受压

$\sqrt{I_x/A}$、$i_y = \sqrt{I_y/A}$；I_x、I_y 分别为截面绕 x 轴和绕 y 轴的惯性矩，A 为截面面积；对于组合截面，A、I_x、I_y 应按弹性模量比换算，即 $A = A_0 + \psi_1 A_1 + \psi_2 A_2 + \cdots$，$I_x = I_{0x} + \psi_1 I_{1x} + \psi_2 I_{2x} + \cdots$，$I_y = I_{0y} + \psi I_{1y} + \psi_2 I_{2y} + \cdots$，$A_0$ 为标准层截面面积，A_1、A_2、$\cdots$ 为其他层截面面积，I_{0x}、I_{0y} 为绕 x 轴和绕 y 轴的标准层惯性矩，I_{1x}、I_{2x}、$\cdots$ 和 I_{1y}、I_{2y}、$\cdots$ 为绕 x 轴和绕 y 轴的其他层惯性矩；$\psi_1 = E_1/E_0$、$\psi_2 = E_2/E_0$、$\cdots$，E_0 为标准层弹性模量，E_1、E_2、$\cdots$ 为其他层的弹性模量。对于矩形截面，$i_y = b/\sqrt{12}$，$i_x = h/\sqrt{12}$，b、h 见图 4.0.6；

α——与砂浆强度等级有关的系数，当砂浆强度等级大于或等于 M5 或为组合构件时，α 为 0.002；当砂浆强度为 0 时，α 为 0.013；

β_x、β_y——构件在 x 方向、y 方向的长细比，按本规范第 4.0.7 条的规定计算，当 β_x、β_y 小于 3 时取 3。

4.0.7 计算砌体偏心受压构件承载力的影响系数 φ 时，构件长细比 β_x、β_y 按下列公式计算：

$$\beta_x = \frac{\gamma_\beta l_0}{3.5 i_y} \tag{4.0.7-1}$$

$$\beta_y = \frac{\gamma_\beta l_0}{3.5 i_x} \tag{4.0.7-2}$$

式中 γ_β——不同砌体材料构件的长细比修正系数，按表 4.0.7-1 的规定采用；

l_0——构件计算长度，按表 4.0.7-2 的规定取用；拱的纵、横向计算长度见本规范第 5.1.4 条；

i_x、i_y——弯曲平面内的截面回转半径，对于等截面构件，见本规范第 4.0.6 条的规定；对于变截面构件，可取等代截面的回转半径。

表 4.0.7-1　长细比修正系数 γ_β

砌体材料类别	γ_β
混凝土预制块砌体或组合构件	1.0
细料石、半细料石砌体	1.1
粗料石、块石、片石砌体	1.3

表 4.0.7-2　构件计算长度 l_0

	构件及其两端约束情况	计算长度 l_0
直杆	两端固结	$0.5l$
	一端固定，一端为不移动的铰	$0.7l$
	两端均为不移动的铰	$1.0l$
	一端固定，一端自由	$2.0l$

注：l 为构件支点间长度。

4.0.8 混凝土偏心受压构件,在本规范表4.0.9规定的受压偏心距限值范围内,当按受压承载力计算时,假定受压区的法向应力图形为矩形,其应力取混凝土抗压强度设计值,此时,取轴向力作用点与受压区法向应力的合力作用点相重合的原则(图4.0.8)确定受压区面积 A_c。受压承载力应按下列公式计算:

$$\gamma_0 N_d \leqslant \varphi f_{cd} A_c \qquad (4.0.8\text{-}1)$$

1 单向偏心受压

受压区高度 h_c 应按下列条件确定[图4.0.8a)]:

$$e_c = e \qquad (4.0.8\text{-}2)$$

矩形截面的受压承载力可按下列公式计算:

$$\gamma_0 N_d \leqslant \varphi f_{cd} b(h - 2e) \qquad (4.0.8\text{-}3)$$

式中 N_d——轴向力设计值;

φ——弯曲平面内轴心受压构件弯曲系数,按表4.0.8采用;

f_{cd}——混凝土轴心抗压强度设计值,按本规范表3.3.2的规定采用;

A_c——混凝土受压区面积;

e_c——受压区混凝土法向应力合力作用点至截面重心的距离;

e——轴向力的偏心距;

b——矩形截面宽度;

h——矩形截面高度。

当构件弯曲平面外长细比大于弯曲平面内长细比时,尚应按轴心受压构件验算其承载力。

表4.0.8 混凝土轴心受压构件弯曲系数

l_0/b	<4	4	6	8	10	12	14	16	18	20	22	24	26	28	30
l_0/i	<14	14	21	28	35	42	49	56	63	70	76	83	90	97	104
φ	1.00	0.98	0.96	0.91	0.86	0.82	0.77	0.72	0.68	0.63	0.59	0.55	0.51	0.47	0.44

注:(1) l_0 为计算长度,按本规范表4.0.7-2的规定采用。

(2)在计算 l_0/b 或 l_0/i 时,b 或 i 的取值:对于单向偏心受压构件,取弯曲平面内截面高度或回转半径;对于轴心受压构件及双向偏心受压构件,取截面短边尺寸或截面最小回转半径。

2 双向偏心受压

受压区高度和宽度,应按下列条件确定[图4.0.8b)]:

$$e_{cy} = e_y \qquad (4.0.8\text{-}4)$$

$$e_{cx} = e_x \qquad (4.0.8\text{-}5)$$

矩形截面的偏心受压承载力可按下列公式计算:

$$\gamma_0 N_d \leqslant \varphi f_{cd}[(h - 2e_y)(b - 2e_x)] \qquad (4.0.8\text{-}6)$$

式中 φ——轴心受压构件弯曲系数,见本规范表4.0.8;

e_{cy}——受压区混凝土法向应力合力作用点在 y 轴方向至截面重心距离;

e_{cx}——受压区混凝土法向应力合力作用点在 x 轴方向至截面重心距离;

e_y——轴向力 y 轴方向的偏心距；

e_x——轴向力 x 轴方向的偏心距。

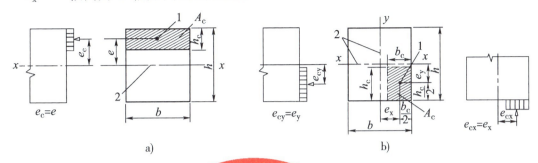

图 4.0.8 混凝土构件偏心受压
a) 单向偏心受压；b) 双向偏心受压

1-受压区重心(法向压应力合力作用点)；2-截面重心轴；e-单向偏心受压偏心距；e_c-单向偏心受压法向应力合力作用点距重心轴距离；e_x、e_y-双向偏心受压在 x 方向、y 方向的偏心距；e_{cx}、e_{cy}-双向偏心受压法向应力合力作用点，在 x、y 方向的偏心距；A_c-受压区面积；h_c、b_c-矩形截面受压区高度、宽度

4.0.9 砌体和混凝土的单向和双向偏心受压构件，除符合本规范第 4.0.10 条的规定外，其受压偏心距 e 的限值应符合表 4.0.9 的规定。

表 4.0.9 受压构件偏心距限值

作用组合	偏心距限值 e
基本组合	$\leqslant 0.6s$
偶然组合	$\leqslant 0.7s$

注：(1) 混凝土结构单向偏心的受拉一边或双向偏心的各受拉一边，当设有不小于截面面积 0.05% 的纵向钢筋时，表内规定值可增加 $0.1s$。
(2) 表中 s 值为截面或换算截面重心轴至偏心方向截面边缘的距离(图 4.0.9)。

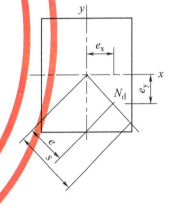

图 4.0.9 受压构件偏心距
N_d-轴向力；e-偏心距；s-截面重心至偏心方向截面边缘的距离

4.0.10 当轴向力的偏心距 e 超过本规范表 4.0.9 偏心距限值时，构件承载力应按下列公式计算：

单向偏心
$$\gamma_0 N_d \leqslant \varphi \frac{A f_{tmd}}{\dfrac{Ae}{W} - 1} \tag{4.0.10-1}$$

双向偏心
$$\gamma_0 N_d \leqslant \varphi \frac{A f_{tmd}}{\left(\dfrac{A e_x}{W_y} + \dfrac{A e_y}{W_x} - 1\right)} \tag{4.0.10-2}$$

式中 N_d——轴向力设计值；

A——构件截面面积，对于组合截面应按弹性模量比换算为换算截面面积；

W——单向偏心时，构件受拉边缘的弹性抵抗矩，对于组合截面应按弹性模量比换算为换算截面弹性抵抗矩；

W_y、W_x——双向偏心时,构件 x 方向受拉边缘绕 y 轴的截面弹性抵抗矩和构件 y 方向受拉边缘绕 x 轴的截面弹性抵抗矩,对于组合截面应按弹性模量比换算为换算截面弹性抵抗矩;

f_{tmd}——构件受拉边层的弯曲抗拉强度设计值,按本规范表 3.3.2、表 3.3.3-4 和表 3.3.4-3 采用;

e——单向偏心时,轴向力偏心距;

e_x、e_y——双向偏心时,轴向力在 x 方向和 y 方向的偏心距;

φ——砌体偏心受压构件承载力影响系数或混凝土轴心受压构件弯曲系数,分别见本规范第 4.0.6 条和 4.0.8 条。

按弹性模量比换算截面面积、弹性抵抗矩(或惯性矩),可参见本规范第 4.0.6 条的规定。

4.0.11 混凝土截面局部承压的承载力应按下列公式计算:

$$\gamma_0 N_d \leq 0.9\beta A_l f_{cd} \quad (4.0.11\text{-}1)$$

$$\beta = \sqrt{\frac{A_b}{A_l}} \quad (4.0.11\text{-}2)$$

式中 N_d——局部承压面积上的轴向力设计值;

β——局部承压强度提高系数;

A_l——局部承压面积;

A_b——局部承压计算底面积,根据底面积重心与局部受压面积重心相重合的原则,按图 4.0.11 确定;

f_{cd}——混凝土轴心抗压强度设计值,按本规范表 3.3.2 采用。

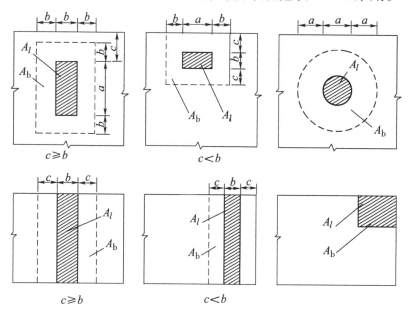

图 4.0.11 局部承压计算底面积 A_b 示意图

4.0.12 结构构件正截面受弯时,应按下列公式计算:

$$\gamma_0 M_d \leqslant W f_{tmd} \qquad (4.0.12)$$

式中 M_d——弯矩设计值;

W——截面受拉边缘的弹性抵抗矩,对于组合截面应按弹性模量比换算为换算截面受拉边缘弹性抵抗矩;

f_{tmd}——构件受拉边缘的弯曲抗拉强度设计值,按本规范表 3.3.1、表 3.3.2、表 3.3.3-4 和表 3.3.4-3 采用。

4.0.13 砌体构件或混凝土构件直接受剪时,应按下列公式计算:

$$\gamma_0 V_d \leqslant A f_{vd} + \frac{1}{1.4}\mu_f N_k \qquad (4.0.13)$$

式中 V_d——剪力设计值;

A——受剪截面面积;

f_{vd}——砌体或混凝土抗剪强度设计值,按本规范表 3.3.2、表 3.3.3-4 和表 3.3.4-3 采用;

μ_f——摩擦系数,采用 $\mu_f = 0.7$;

N_k——与受剪截面垂直的压力标准值。

4.0.14 对多阶段受力的组合构件,应分别验算各阶段的承载能力。

5 拱桥

5.1 拱桥计算

5.1.1 拱上建筑为梁(板)式结构的拱桥的计算,不应考虑拱上建筑与主拱圈的联合作用;拱上建筑为拱式结构的拱桥的计算,可考虑拱上建筑与主拱圈的联合作用。当采用公路—I级、公路—II级车道荷载计算拱的正弯矩时,自拱顶至拱跨1/4各截面应乘以0.7折减系数;拱脚截面乘以0.9折减系数;拱跨1/4至拱脚各截面,其折减系数按直线插入法确定。

5.1.2 拱桥设计应优选拱轴线,使拱在作用组合的受力情况下,轴向力的偏心距较小。对大跨径拱桥,如某些截面的结构重力压力线与拱轴线偏离过大,或在结构重力及其所引起的弹性压缩和温度下降、混凝土收缩等作用组合下的纵向偏心距较大时,则应作适当调整,且应考虑拱轴线偏离结构重力压力线引起的偏离弯矩。

5.1.3 拱桥应考虑活载的横向不均匀分布,但实腹式拱桥和拱上建筑为拱式结构的空腹式拱桥或拱上建筑采用墙式墩且活载横桥向布置不超过拱圈以外的拱桥,可考虑活载均匀分布于拱圈全宽。

5.1.4 拱桥应验算各阶段的截面强度和拱的整体"强度—稳定"验算。
1 拱的截面强度验算
拱圈应按本规范第4.0.5条至第4.0.10条验算截面强度。
 1)砌体截面的强度验算可按本规范第4.0.5条至第4.0.7条和第4.0.9条至第4.0.10条的规定计算,计算时可不计长细比β_x、β_y对受压构件承载力的影响,即可令本规范公式(4.0.6-2)和(4.0.6-3)内β_x、β_y小于3取为3。
 2)混凝土截面的强度验算可按本规范第4.0.8条至第4.0.10条的规定计算,计算时可取混凝土轴心受压构件弯曲系数φ为1.0。
2 拱的整体"强度—稳定"验算
拱圈应按本规范第4.0.5条至第4.0.9条进行拱的整体"强度—稳定"验算。按本规范公式(4.0.7-1)和(4.0.7-2)计算砌体构件长细比β_x、β_y和按本规范表4.0.8查取混凝土轴心受压构件弯曲系数φ值时,拱圈纵向(弯曲平面内)计算长度l_0,三铰拱为$0.58L_a$、双铰拱为$0.54L_a$、无铰拱为$0.36L_a$,L_a为拱轴线长度;拱圈横向(弯曲平面外)计算长度l_0

见表5.1.4。

表5.1.4 无铰板拱横向稳定计算长度 l_0

矢跨比 f/l	1/3	1/4	1/5	1/6	1/7	1/8	1/9	1/10
计算长度 l_0	1.167 r	0.962 r	0.797 r	0.577 r	0.495 r	0.452 r	0.425 r	0.406 r

注：r 为圆曲线半径，当为其他曲线时，可近似地取 $r = \dfrac{l}{2}\left(\dfrac{1}{4\beta} + \beta\right)$，其中 β 为矢跨比。

拱的轴向力设计值可按下列公式计算：

$$N_d = \frac{H_d}{\cos\varphi_m} \tag{5.1.4}$$

式中 N_d——拱的轴向力设计值；

H_d——拱的水平推力设计值；

φ_m——拱顶与拱脚的连线与跨径的夹角。

轴向力偏心距可取与水平推力计算时同一荷载布置的拱跨1/4处弯矩设计值 M_d 除以 N_d。

1) 砌体拱可按本规范第4.0.5条至第4.0.7条规定计算。如符合本规范第5.1.1条规定，考虑拱上建筑与拱圈的联合作用时，纵向长细比 β_y 对构件承载力的影响系数 φ_y 可不考虑，即令 β_y 小于3取为3。

2) 混凝土拱可按本规范第4.0.8条规定计算。如符合本规范第5.1.1条规定，考虑拱上建筑与拱圈的联合作用时，纵向稳定可不予考虑，即可取纵向轴心受压构件弯曲系数 $\varphi = 1.0$。

3) 当板拱拱圈宽度等于或大于1/20计算跨径时，砌体拱可不考虑横向长细比 β_x 对构件承载力的影响，即令 β_x 小于3取为3；混凝土拱可不考虑横向稳定，即可取横向轴心受压构件弯曲系数 $\varphi = 1.0$。

5.1.5 施工阶段验算时，构件自重效应分项系数取为1.2，施工附加荷载效应分项系数取为1.4。当按承载能力极限状态设计时，作用分项系数按《公路桥涵设计通用规范》（JTG D60—2004）的规定取用。

5.1.6 计算风力或离心力引起的拱脚截面的作用效应时，可按以下假定计算：

1 拱圈视作两端固定的水平直梁，其跨径等于拱的计算跨径，全梁平均承受风力或离心力，计算梁端弯矩 M_1。

2 拱圈视作下端固定的竖向悬臂梁，其跨径等于拱的计算矢高，悬臂梁平均承受1/2拱跨的风力，在梁的自由端承受1/2拱跨的离心力，计算固定端弯矩 M_2。

3 拱的计算弯矩 M 为上述两项弯矩在垂直于曲线平面内拱脚截面上的投影之和：

$$M = M_1\cos\varphi + M_2\sin\varphi \tag{5.1.6}$$

式中 φ——拱脚处拱轴线的切线与跨径的夹角。

5.1.7 多跨无铰拱桥应按连拱计算。当桥墩抗推刚度与主拱抗推刚度之比大于37时，可按单跨拱桥计算。

5.1.8 计算拱圈的温度变化和混凝土收缩影响时，作用效应可乘以下列系数：
温度作用效应：0.7；
混凝土收缩作用效应：0.45。

5.1.9 箱形截面拱的设计应考虑：
1 设计水位（当洪水淹没拱脚）时，漂浮物对拱圈边腹板的撞击力。
2 箱室内外温差作用效应。当无可靠资料时，箱室内外温差可按不低于5℃计算。

5.1.10 计算超静定拱桥由相邻墩台引起的不均匀沉降或桥台水平位移引起的作用效应时，其计算作用效应可乘以0.5的折减系数。

5.1.11 拱桥应按《公路桥涵设计通用规范》（JTG D60-2004）规定的作用短期效应组合，在一个桥跨范围内的正负挠度的绝对值之和的最大值不应大于计算跨径的1/1000。

5.2 拱桥构造

5.2.1 拱桥的矢跨比宜采用1/4～1/8；箱形板拱的矢跨比宜采用1/5～1/8。采用无支架施工或早期脱架施工的悬链线拱的拱轴系数 m 不宜大于3.5。

5.2.2 空腹式拱桥的腹拱，靠近墩台的一孔应做成三铰拱；大跨径拱桥根据跨径长度和当地温度变化情况，宜将靠近拱顶的腹拱做成三铰拱或二铰拱。在腹拱铰上面的侧墙、人行道、栏杆等均应设置伸缩缝或变形缝。

对于梁式和板式拱上建筑，可采用连续桥面。端腹孔的梁或板如支承于桥墩台身墙顶部时，应设置滚动支座或滑动支座。

当采用排架式拱上结构时，应加强柱底垫梁的刚度和强度。

5.2.3 多孔拱桥应根据使用要求及施工条件设置单向推力墩或采取其他抗单向推力措施。单向推力墩宜每隔三孔至五孔设置一个。

5.2.4 在软土地基上不宜修建拱式结构，当必须采用拱式结构时，宜采用三铰拱。设计时应注意下列事项：
1 宜选用适应墩台变位和轻型的上下部结构，跨径宜小，矢跨比宜大。

2 加强拱脚截面的局部承压能力。
3 宜采用无支架或早期脱架施工。

5.2.5 严寒地区修建拱桥应注意下列事项：
1 拱圈施工应严格控制合龙温度。
2 主拱圈的拱脚顶面及拱顶底面应增设钢筋网，拱脚顶面钢筋应伸入拱座。
3 加强拱脚截面的局部承压能力；对大跨径拱桥，宜采用变截面拱圈。

5.2.6 当拱桥由预制构件或预制与现浇构件组成时，应保证其组合截面的横向和纵向整体性，并应注意下列事项：
1 在构造上应采取措施，使预制与现浇、预制与预制构件之间结合良好。
2 拱肋与拱板必须紧密结合，可在拱肋顶部设置锚筋、键块或齿槽。
3 对预制组合成型的组合构件及预制构件与现浇构件间的连接，必须将预制构件的钢筋伸出混凝土外，以便组合时与对应钢筋连接；组合接头处混凝土应采取措施以加强组合构件的整体性。
4 分段吊装构件的接头，应构造简单，结合牢固，在安装时，能承受拱圈自重作用下的局部压力。
5 组合截面各部分的混凝土强度等级宜一致。接缝采用砂浆填筑时，砂浆强度等级不宜低于 M10；接缝如采用小石子混凝土填筑时，小石子混凝土强度等级不应低于被连接构件的强度等级。

5.2.7 箱形拱的主拱圈截面形式可采用单室箱或多室箱，箱形截面的挖空率可取 50%～70%。

拱箱由底板、腹板及顶板组成，其中腹板和顶板可由预制构件和现浇混凝土层组合构成。底板厚度、预制腹板厚度及预制顶板厚度均不应小于 100mm。腹板的现浇混凝土厚度（相邻板壁间净距）及顶板的现浇混凝土厚度不应小于 100mm。预制边箱外壁宜适当加厚。

箱形拱的拱箱内宜每隔 2.5～5.0m 设置一道横隔板，横隔板厚度可为 100～150mm，在腹孔墩下面以及分段吊装接头附近均应设置横隔板，在 3/8 拱跨长度至拱顶段的横隔板应取较大厚度，并适当加密。箱形板拱的拱上建筑采用柱式墩时，立柱下面应设横向通长的垫梁，其高度不宜小于立柱间净距的 1/5。

箱形拱采用预制吊装成拱时，除按现浇混凝土要求处理接合面外，尚应设置必要的连接钢筋。

箱形拱应在底板上设排水孔，大跨径拱桥应在腹板顶部设通气孔。当箱形拱可能被洪水淹没时，在设计水位以下，拱箱内应设进、排水孔。

5.2.8 肋式拱桥可采用双肋式或多肋式结构，拱肋可采用实心矩形或箱形截面。最外侧拱肋间的距离,不宜小于跨径的1/15。

拱肋间应有足够的横系梁,横系梁可采用矩形或I形截面,其梁宽或腹板厚度不宜小于100mm,高度不宜小于800mm或与拱肋同高。横系梁除在腹拱立柱下设置外,在拱脚附近及拱顶段($3l/8 \sim l/2$,l为拱的跨径)应予加密。当拱肋为箱形截面时,箱内横隔板应与横系梁对应设置。横系梁四周应设直径不小于16mm的构造钢筋。

5.2.9 混凝土构件在受拉区应设置不少于构件截面面积的0.05%的构造钢筋。

5.3 拱桥施工阶段验算

5.3.1 拱桥应设置施工预拱度。预拱度应根据施工条件,按主拱圈的弹性与非弹性下沉、拱架的弹性与非弹性下沉、墩台位移、温度变化及混凝土收缩和徐变等因素产生的挠度曲线反向设置。预拱度的计算和设置,可参照附录B的方法确定。

5.3.2 安装或砌筑主拱圈及拱上建筑时,必须在纵横向保持对称均衡施工,多孔拱桥应考虑连拱影响。在施工过程中随时注意观测,控制拱肋或拱圈的变位。

1 当采用无支架施工或早期脱架施工时,应根据安装砌筑程序、最不利受力情况及拱脚的支承条件,对裸拱或裸肋进行截面强度和拱的整体"强度—稳定"验算;主拱圈及拱上结构构件在分段运输、吊装、合龙过程中应进行必要的强度和稳定验算,验算截面应根据实际情况确定;拱肋接头位置应准确,其接头强度不应低于被连接构件的强度。分段吊装时应设置缆风索。

2 当采用拱式拱架施工时,应根据拱架的结构形式及支承条件进行强度和稳定性验算。

3 当采用满堂拱架施工时,拱架上应设置纵、横撑及斜撑。对高而窄的拱架及在大风地区,应加强拱架的稳定措施。

4 当采用分环(层)砌筑时,拱架承受的荷载可按分环数(层数)不同而定。

5.3.3 采用缆索起吊构件时,应保证塔架、绳索和锚碇的整体性和稳定性。在正式施工前,应进行超载试吊,试吊重量不应小于最大吊重的1.2倍。

5.3.4 预制构件的吊环应采用HPB300钢筋制作,严禁使用冷加工钢筋。每个吊环按两肢截面计算,在构件自重标准值作用下,吊环应力不应大于50MPa。当一个构件设有四个吊环时,设计仅考虑三个吊环同时发挥作用。吊环埋入混凝土的深度不应小于35倍吊环钢筋直径,端部应做成180°弯钩,且与构件内钢筋焊接或绑扎。吊环内直径不应小于3倍钢筋直径,且不应小于60mm。

6 墩 台

6.1 一般规定

6.1.1 在有强烈流冰、泥石流或漂流物的河流中的墩台,其表面宜选用强度等级不小于 MU60 的石材或 C40 混凝土预制块镶面。镶面砌体的砂浆强度等级不应低于 M20。

累年最冷月平均温度低于或等于 -10℃ 的地区,墩台表面应选用强度等级不低于 MU50 的石料或 C30 混凝土。

具有强烈流冰河流中的桥墩,应在其迎冰面设置破冰棱。破冰棱应高出最高流冰水位 1.0m,并应低于最低流冰水位时冰层底面下 0.5m。破冰棱的倾斜度宜为 3∶1~10∶1(竖∶横)。破冰棱迎冰面应做成尖端形或圆端形。混凝土破冰棱在迎冰表面应埋设钢板或角钢。破冰棱与桥墩应构成一体,自基底或承台底至最高流冰水位以上 1.0m 处,混凝土墩台应避免设水平施工缝,当不可避免时,其接合面应用型钢或钢筋加强。

6.1.2 在非岩石类的地基上修建带八字形翼墙的桥台,台身与翼墙之间宜设缝分开。在非岩石类的地基上,桥台宜每隔 10~15m 设置一道沉降缝。现浇混凝土桥台台身及基础,应根据当地气候条件及施工条件,每隔 5~10m 设置一道伸缩缝。

桥台应设置台背排水设施。

6.1.3 相邻墩台间均匀沉降差(不包括施工中的沉降)不应使桥面形成大于 2‰ 的纵坡。

6.1.4 超静定结构桥梁墩台间的均匀沉降差除应满足本规范第 6.1.3 条要求外,尚应满足结构的受力要求。

6.1.5 各种桥梁墩台除应满足强度和稳定要求外,尚应满足构造和施工要求。

6.1.6 实体墩台基础的扩散角(刚性角),对于片石、块石和料石砌体,当用强度等级为 M5 的砂浆砌筑时,不应大于 30°;当用 M5 以上的砂浆砌筑时,不应大于 35°;对于混凝土,不应大于 40°。

6.1.7 空心墩台应设置壁孔,在墩台身周围交错布置,其尺寸或直径宜为 0.2~0.3m。

6.1.8 当桥台锥坡和护坡采用浆砌或干砌砌体时,其砌体厚度不宜小于 0.30m。

6.1.9 高速公路、一级公路和二级公路上桥梁的桥头宜设置搭板。搭板厚度不宜小于 250mm,长度不宜小于 6m。

6.1.10 混凝土墩台身宜设置表层钢筋网,其截面面积在水平方向和竖直方向分别不小于 250mm²/m。

6.2 梁、板式桥墩台

6.2.1 桥梁的墩帽和台帽厚度,特大、大跨径桥梁不应小于 0.5m;中、小跨径桥梁不应小于 0.4m。在墩、台帽内应设置构造钢筋。

设置支座的墩帽和台帽上应设置支座垫石,在其内应设置水平钢筋网。与支座底板边缘相对的支座垫石边缘应向外展出 0.1~0.2m。支座垫石顶面应高出墩、台帽顶面排水坡的上棱。墩、台顶面与梁底之间应预留更换支座时的空间。

墩、台帽出檐宽度宜为 0.05~0.10m。

6.2.2 支座边缘至墩、台身顶部边缘的距离(图 6.2.2)应视墩、台构造形式及安装上部构造的施工方法而定,其最小距离可按表 6.2.2 的规定采用。

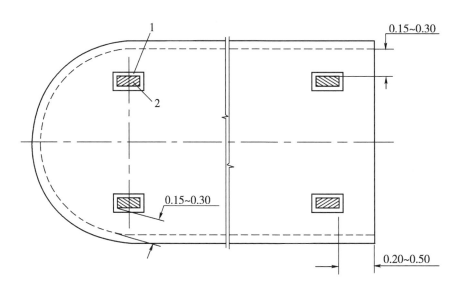

图 6.2.2 支座边缘至墩、台边缘最小距离示意图(尺寸单位:m)
1-支座垫石;2-支座

表6.2.2 支座边缘至墩、台身边缘的最小距离(m)

桥向 跨径 l（m）	顺桥向	横桥向	
		圆弧形端头（自支座边角量起）	矩形端头
$l \geqslant 150$	0.30	0.30	0.50
$50 \leqslant l < 150$	0.25	0.25	0.40
$20 \leqslant l < 50$	0.20	0.20	0.30
$5 \leqslant l < 20$	0.15	0.15	0.20

注：当采用钢筋混凝土或预应力混凝土悬臂墩帽时，可不受本表限制，应以便于施工、养护和更换支座而定。

6.2.3 实体桥墩侧坡可采用20∶1～30∶1(竖∶横)，小跨径桥梁的桥墩也可采用直坡。

实体桥墩墩身的顶宽，小跨径桥梁不宜小于0.8m(采用轻型桥台的桥梁的桥墩不宜小于0.6m)；中跨径桥梁不宜小于1.0m；特大、大跨径桥梁应视上部构造类型而定。

6.2.4 U型桥台(图6.2.4)前墙顶面宽度不宜小于0.50m，其任一水平截面的宽度，不宜小于该截面至墙顶高度的0.4倍。U型桥台前墙，可参照本规范第6.1.2条规定，设置沉降缝或伸缩缝。

U型桥台的侧墙顶面宽度不宜小于0.50m，其任一水平截面的宽度，对于片石砌体不宜小于该截面至墙顶高度的0.4倍；块石、粗料石砌体或混凝土不宜小于0.35倍；如桥台内填料为中、粗砂或砂砾时，则上述两项可分别相应减为0.35和0.30倍。

当U型桥台两侧墙宽度之和不小于同一水平截面前墙全长的0.4倍时，可按U型整体截面验算截面强度。当U型桥台前墙设有沉降缝或伸缩缝时，分隔的前墙和侧墙墙身或基础应分别按独立墙验算截面强度。

路基填土与U型桥台侧墙的搭接长度不宜小于0.75m。

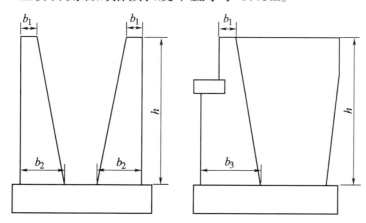

图6.2.4　U型桥台尺寸示意图(尺寸单位：m)
$b_1 \geqslant 0.50$；$b_2 \geqslant (0.3 \sim 0.4)h$；$b_3 \geqslant 0.4h$

6.2.5 埋置式桥台或岸墩,当验算截面强度和稳定时,可考虑来自桥台或岸墩后填土及桥台或岸墩前溜坡的两个方向的主动土压力。当溜坡可能被冲刷时,还应验算溜坡被冲刷时承受来自桥台或岸墩后面单向主动土压力的受力情况,此时,可按压实土的内摩擦角计算主动土压力。

6.2.6 跨径不大于13m、桥长不大于20m的梁(板)式上部结构,其下部构造可采用轻型桥台,但桥孔不宜多于三孔,桥台的台墙厚度不宜小于0.6m。

轻型桥台上端与梁(板)铰接,下端在相邻桥台(墩)之间应设支撑梁(图6.2.6)。梁(板)端铰接钢销直径不应小于20mm。支撑梁应设于铺砌层或冲刷线以下,中距宜为2~3m,采用钢筋混凝土构件,其截面尺寸不宜小于0.2m(横)×0.3m(竖),四角应设置直径不小于12mm的钢筋;如采用混凝土或块石砌筑,其截面尺寸不宜小于0.4m×0.4m。

轻型桥台的斜交角(台身与桥纵轴线的垂直线的交角),不应大于15°。轻型桥台下端,两外侧应设置平行于桥轴线的支撑梁,中间应设垂直于桥台的支撑梁。

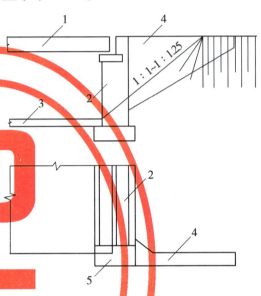

图6.2.6 轻型桥台的支撑梁和耳墙
1-上部结构;2-轻型桥台;3-支撑梁;4-耳墙;5-边柱

6.2.7 轻型桥台可设八字墙、一字墙或边柱带耳墙(见本规范图6.2.6)。带耳墙的轻型桥台的边柱除承受由耳墙重力产生的竖直荷载和弯矩外,尚应计算耳墙上水平土压力对柱身所产生的剪力和扭矩。耳墙与边柱接合处应加腋。

6.2.8 加筋土桥台可采用内置组合式或外置组合式(图6.2.8)。

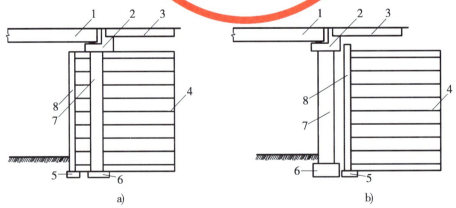

图6.2.8 加筋土桥台类型图
a)内置组合式;b)外置组合式
1-上部构造;2-垫梁或盖梁;3-桥头搭板;4-筋带;5-基础;6-台柱基础;7-台柱;8-面板

6.2.9 加筋土桥台的盖梁、台柱应符合下列要求：

1 盖梁、台柱应按公路桥涵有关规范进行设计。

2 内置组合式桥台台柱与面板净距不宜小于 0.4m,其值应以台柱尺寸、筋带种类以及压实方法等条件综合考虑决定。

3 外置组合式桥台,台柱与面板净距不应小于 0.3m。

6.2.10 加筋土桥台应设置桥头搭板。外置组合式桥台的桥头搭板与加筋体面板顶部之间应留有 0.05m 的间距,并应填塞。

6.2.11 加筋土桥台加筋体的筋带应选用抗老化、耐腐蚀材料的筋带,加筋体筋带的截面面积、长度以及加筋体的稳定性,应通过加筋体内部、外部的稳定性分析确定。

加筋体内部稳定性,可按局部平衡法计算。

加筋体外部稳定性分析,应包括地基承载力、基底滑移和倾覆稳定,必要时增加整体滑动验算。筋带截面计算应考虑车辆荷载引起的拉力。筋带锚固长度计算可不计车辆荷载引起的抗拔力。

6.3 拱桥墩台

6.3.1 等跨拱桥的实体桥墩的顶宽(单向推力墩除外),混凝土桥墩可按拱跨的 1/15~1/25、石砌桥墩可按拱跨的 1/10~1/20 拟定,但不宜小于 0.8m。墩身两侧边坡可为 20:1~30:1(竖:横)。

6.3.2 拱桥桥台可采用 U 型桥台、空心桥台(内填以砂砾材料)以及其他形式的桥台。U 型桥台的侧墙尺寸及计算要求可参见本规范第 6.2.4 条的有关规定。

台后的土侧压力宜采用主动土压力。

6.3.3 组合式桥台适用于以桩基或沉井作为基础的中、小跨径拱桥。组合式桥台由前台与后座两部分组成(图 6.3.3)。前台桩基或沉井基础用作承受拱的竖直力;台后的主动土压力及后座基底摩阻力平衡拱的水平推力。在计算土侧压力时,其作用分项系数取为 1.0;计算摩阻力时,其作用分项系数取为 0.9。拱的推力和竖向力分项系数按《公路桥涵设计通用规范》(JTG D60—2004)的规定取用。

组合式桥台的前台和后座两部分之间必须密切贴合,其间应设置两侧既密贴又可相互自由沉降的隔离缝,以适应两者的不均匀沉降。后座的基底标高,在考虑沉降后应低于拱脚截面底缘标高。

地基土质较差时,后座式桥台应防止后座的不均匀沉降引起前台向后倾斜,而导致前台或拱圈开裂。

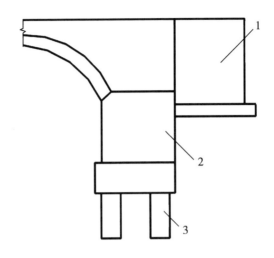

图 6.3.3 组合式桥台
1-后座；2-前台；3-桩基

6.3.4 长度为3~4倍台高的台背填土应在拱圈合龙前完成。台后填土必须分层夯实，其密实度不应小于96%，并切实做好台后填土防护工程，防止受水流侵蚀和冲刷。

桥台或后座应在后台或后座的土侧压力作用下保持地基强度和结构稳定。

7 涵洞

7.0.1 涵洞设计应符合如下要求：

1 涵洞设计时，应按水力性质选择其计算图式。新建涵洞应采用无压力式涵洞；当涵前允许壅水时，可采用压力式或半压力式涵洞。

2 无压力式圆管涵应根据地基土的密实程度，设置砂垫层、灰土垫层、砌石基础或混凝土基础；建于砂砾地基上的圆管涵，可不设基础，但应对接缝处和进出水口处的地基予以处理，以避免管节间发生不均匀沉降和接缝漏水。

压力式和半压力式涵洞应设置基础，接缝应严密。

3 涵洞内径或净高不宜小于0.75m；涵洞长度大于15m但小于30m时，其内径或净高不宜小于1.0m；涵洞长度大于30m且小于60m时，其内径或净高不宜小于1.25m；涵洞长度大于60m时，其内径或净高不宜小于1.5m。

4 涵洞进、出洞口及洞外进、排水工程的形式与尺寸，应使水流能顺利通过，并满足两侧附近路堤的稳定要求，且不应对附近环境造成不利影响。

5 当有农田排灌需要，且路基填方较低时，可设置倒虹吸管。

7.0.2 除设置在岩石地基上的涵洞外，根据涵洞的涵底纵坡及地基土情况，应每隔4~6m设置一道沉降缝；高路堤路基边缘以下的洞身及基础应每隔适当距离设置沉降缝。沉降缝应采用弹性的不透水材料填塞。

7.0.3 涵洞的洞身和进出口，应视具体情况按如下要求作出处理：

1 涵洞进出口处，应设端墙。端墙与洞身应设缝隔开，缝内填以不透水材料。

2 设置于非岩石地基上的涵洞，洞内外应进行铺砌，洞外铺砌长度应视河沟纵坡、地基土、冲刷等条件而定，涵洞上游至少应在端墙（或锥坡）范围内铺砌，下游应铺出端墙以外3~5m（压力式涵洞应更长些）。对于无明显沟槽的河沟，出口铺砌的扩散平面宜采用等腰梯形，其铺砌扩散角可取为20°。涵洞锥坡、受水流淹没的路基坡面也应铺砌。

3 在纵坡陡、流速大的河沟，必要时还需设置急流槽、跌水及相应的消能措施，并应在端墙外端底部设置隔水墙。在沟床铺砌的端部，也应设置隔水墙。

4 在冰冻地区，端墙与端管节应采用整体的刚性基础。

7.0.4 涵洞洞底纵坡不宜大于5%，圆管涵的纵坡不宜大于3%。洞底纵坡大于5%时，涵底宜每隔3~5m设置消能横隔墙或将基础做成阶梯形。洞底纵坡大于10%时，洞身及基础应分段做成阶梯形,前后两节涵洞盖板或拱圈的搭接高度不应小于其厚度的1/4。

7.0.5 涵洞洞身两侧填土应分层夯实,其每侧长度不应小于洞身填土高度的一倍,压实度不应小于96%。现浇混凝土拱涵应沿拱轴线分段间隔浇筑或在拱顶预留合龙段最后浇筑。

7.0.6 涵洞结构可按下列假定进行计算:

1 计算盖板式涵洞的涵台内力时,台身按上端与盖板不可移动的铰接、下端与基础固接计算。盖板按两端简支的板计算,可不考虑涵台传来的水平力。

2 拱涵的拱圈按无铰拱计算,其矢跨比不宜小于1/4。拱涵可不考虑温度作用效应和混凝土收缩效应。拱涵按本规范第5.1.4条计算时,可仅作拱的截面强度验算。

3 整体式涵洞基础底面的地基土的承压应力,可将涵长根据不同的填土高度分段计算。

附录 A 石材试件强度的换算系数及石砌体分类

A.0.1 石材的强度等级,应用边长为 70mm 的立方体试块的抗压强度表示,当采用其他尺寸时,应乘以表 A.0.1 规定的换算系数进行换算。

表 A.0.1 石材试件强度的换算系数

立方体试件边长(mm)	200	150	100	70	50
换算系数	1.43	1.28	1.14	1.00	0.86

A.0.2 石砌体分类如下:

1 细料石砌体。砌块厚度 200~300mm 的石材,宽度为厚度的 1.0~1.5 倍,长度为厚度的 2.5~4.0 倍,表面凹陷深度不大于 10mm,外形方正的六面体,错缝砌筑。砌筑缝宽不应大于 10mm。

2 半细料石砌体。砌块表面凹陷深度不大于 15mm,缝宽不大于 15mm,其他要求同细料石砌体。

3 粗料石砌体。砌块表面凹陷深度不大于 20mm,缝宽不大于 20mm,其他要求同细料石砌体。

4 块石砌体。砌块厚度 200~300mm 的石材,形状大致方正,宽度约为厚度的 1.0~1.5 倍,长度约为厚度的 1.5~3.0 倍,每层石材高度大致一律,并错缝砌筑。

5 片石砌体。砌块厚度不小于 150mm 的石材,砌筑时敲去其尖锐凸出部分,平稳放置,可用小石块填塞空隙。

A.0.3 混凝土预制块砌体各项规格、尺寸同细料石砌体。

附录 B 拱桥预拱度的计算与设置

B.0.1 施工预拱度的计算

预拱度的大小应按无支架和有支架两种情况,并分别考虑下列因素进行估算。

1 无支架施工的拱桥

1) 主拱圈及拱上建筑自重产生的拱顶弹性下沉 δ_{u1}

$$\delta_{u1} = \frac{\left(\frac{l}{2}\right)^2 + f^2}{f} \cdot \frac{\sigma}{E} \quad (B.0.1\text{-}1)$$

$$\sigma = \frac{H_g}{A\cos\varphi_m} \quad (B.0.1\text{-}2)$$

式中 l——主拱圈计算跨径;

f——主拱圈计算矢高;

E——主拱圈材料受压弹性模量;

H_g——主拱圈及拱上建筑自重产生的水平推力;

σ——主拱圈及拱上建筑自重产生的平均压应力;

φ_m——拱顶与拱脚连线与跨径的夹角;

A——主拱圈截面面积(变截面拱可取平均截面面积)。

2) 主拱圈温度变化产生的拱顶弹性变形 δ_{u2}

$$\delta_{u2} = \frac{\left(\frac{l}{2}\right)^2 + f^2}{f} \cdot \alpha(t_1 - t_2) \quad (B.0.1\text{-}3)$$

式中 α——主拱圈材料线膨胀系数;

t_1——年平均温度;

t_2——封拱时的温度。

当 $(t_1 - t_2) > 0$ 时,拱顶上挠,反之,拱顶下沉。

3) 混凝土主拱圈由混凝土收缩和徐变产生的拱顶下沉 δ_{u3}

整体施工的主拱圈,可按温度降低 15℃ 所产生的下沉值计算,分段施工的主拱圈,可按温度降低 5~15℃ 所产生的下沉值计算,即在本条第(B.0.1-3)公式内,整体施工的主拱圈取 $(t_1 - t_2) = -15℃$,分段施工的主拱圈取 $(t_1 - t_2) = -5 \sim -15℃$。

4) 墩、台水平位移产生的拱顶下沉 δ_{u4}

$$\delta_{u4} = \frac{l}{4f} \cdot \Delta l \qquad (B.0.1\text{-}4)$$

式中 Δl——主拱圈拱脚相对分离水平位移值。

5）施工过程中裸拱变形（如接合点压密等），拱顶下沉可按 $l/1000$ 估算。

6）对于无支架施工的拱桥，本款内 1）~4）项可估算为 $\frac{l^2}{4000f}$ ~ $\frac{l^2}{6000f}$，当墩台可能有位移时取较大值，当无水平位移时取较小值。

2 满布式拱架施工的拱桥

满布式拱架受载后，主拱圈拱顶产生的弹性及非弹性下沉，本条第 1 款的 1）~4）项仍然适用。满布式拱架本身的下沉可按下列项目估算：

1）弹性下沉 δ_{s1}

$$\delta_{s1} = \frac{\sigma h}{E} \qquad (B.0.1\text{-}5)$$

式中 σ——拱架立柱受载后的压应力；
h——立柱高度；
E——立柱材料的弹性模量。

2）非弹性变形 δ_{s2}

非弹性变形各类缝隙压密量可按下列估计：顺木纹相接，每条接缝变形取 2mm；横木纹相接时取 3mm；顺木纹与横木纹材料相接取 2.5mm；木料与金属或木料与圬工相接取 2mm。对于扣件式钢管拱架，扣件沿立柱滑动或相对转动可引起拱架非弹性变形，按经验估算。

3）砂筒的非弹性压缩量 δ_{s3}

可按经验估算：一般 200kN 压力砂筒取 4mm，400kN 压力砂筒取 6mm，筒内未预先压实时取 10mm。

4）支架基础在受载后的非弹性下沉 δ_{s4}

支架基础非弹性下沉可按下列值估算：枕梁在砂类土上取 5~10mm，枕梁在粘土上取 10~20mm，打入砂土的桩取 5mm，打入粘土的桩取 10mm。

拱顶处的预拱度，根据上述各种下沉量，按可能产生的各项数值相加后得到，施工时应根据以上计算值并结合实践经验进行调整。一般情况下，有支架施工的拱桥，当无可靠资料时，预拱度可按 $\frac{l}{600}$ ~ $\frac{l}{800}$ 估算。

B.0.2 预拱度的设置

预拱度应根据上述各项因素产生的挠度曲线反向设置；可根据以往的实践经验按下述方法之一设置：

1 按抛物线设置

$$\delta_x = \delta\left(1 - \frac{4x^2}{l^2}\right) \qquad (B.0.2)$$

式中 δ_x——与拱顶距离为 x 处的预加高度；

δ——主拱圈拱顶预拱度；

l——主拱圈计算跨径。

2 按推力影响线的比例设置。

3 对于不对称拱桥或坡拱桥,按拱的弹性挠度反向比例设置。

本规范用词说明

为便于在执行本规范条文时区别对待,对于要求严格程度不同的用词说明如下:

1 表示很严格,非这样做不可的用词:

正面词采用"必须",反面词采用"严禁"。

2 表示严格,在正常情况下均应这样做的用词:

正面词采用"应",反面词采用"不应"或"不得"。

3 表示允许稍有选择,在条件许可时首先应这样做的用词:

正面词采用"宜",反面词采用"不宜"。

表示有选择,在一定条件下可以这样做的用词采用"可"。

附件

公路圬工桥涵设计规范

（JTG D61—2005）

条 文 说 明

目 录

1 总则 …………………………………………………………… 41
2 术语和符号 …………………………………………………… 42
3 材料 …………………………………………………………… 43
4 构件设计与计算 ……………………………………………… 50
5 拱桥 …………………………………………………………… 53
6 墩台 …………………………………………………………… 63
7 涵洞 …………………………………………………………… 67
附录 A ……………………………………………………………… 70
附录 B ……………………………………………………………… 71

1 总 则

公路圬工桥涵总的设计原则是：技术先进、经济合理、安全适用和确保质量。

本规范适用于一般公路圬工桥涵的设计，对于特殊材料（如轻质混凝土）、特殊结构（如薄壳结构）和特殊条件（如抗震设计）的圬工桥涵设计应符合有关标准和规范的规定。

圬工桥涵结构的设计，除应满足本规范的要求外，凡涉及其他标准、规范者尚应符合其他有关的规定和要求。

2 术语和符号

术语和符号参照《工程结构设计基本和通用符号》(GBJ 132—90)、《公路桥涵设计通用规范》(JTG D60—2004)和《砌体结构设计规范》(GB 50003—2001)制定。

3 材料

3.1 材料强度等级

3.1.1 砖的强度低、耐久性差,在公路桥涵结构中较少采用,特别在等级公路上的桥涵结构物不应采用砖砌体,所以本次修订时将砖砌体取消,并将原规范的名称《公路砖石及混凝土桥涵设计规范》改为《公路圬工桥涵设计规范》。

材料的符号和强度等级与《砌体结构设计规范》(GB50003—2001)(以下简称《GB50003—2001规范》)采用的基本相同。

根据公路石材的应用情况,石材强度等级范围按新的等级标准取为MU30~MU120,基本上与《公路砖石及混凝土桥涵设计规范》(JTJ 022—85)(以下简称原规范)所取强度标号范围接近。

混凝土增加C40、C35两种强度等级。

砂浆强度等级作了调整,增加了M20、M15的强度等级,取消了M12.5、M2.5的强度等级。

3.2 材料的基本要求

3.2.1 由于石材试件尺寸由原规范200mm×200mm×200mm改为70mm×70mm×70mm,其最低强度等级也作了相应调整。混凝土最低强度等级,比原规范强度标号有所提高。砌筑砂浆的最低强度等级是考虑施工、构造的需要和目前的水泥供应情况确定的。

近年来修建的拱桥拱圈混凝土强度等级大多采用C25~C30,其最低强度等级较原规范的最低标号有所提高。

3.2.3 石材及混凝土材料受水浸湿后,冬季冻结,春季融化,引起材料风化侵蚀。如水汽充满于材料内部气孔,则因冻结膨胀有可能使孔壁破裂而导致材料破损。据有关资料介绍,试验循环(冻结与融化)一次约相当于大气中一年的作用。冻结试验温度不应高于-15℃,这是因为水在微小毛细管中,只在低于-15℃时才能冻结。累年最冷月平均温度低于或等于-10℃的地区,不考虑材料的抗冻性,也是基于上述原因。

3.2.4 气候潮湿地区指年平均相对湿度平均值大于80%的地区。

3.3 材料强度设计指标

3.3.1 原规范规定石材的抗压极限强度为棱柱体的极限强度,其值取为200mm立方体强度的0.7倍。本规范采用的试件尺寸为70mm立方体,应乘以0.7的石材强度等级换算系数。同时考虑沿用原规范的材料安全系数1.85,则本次修订的石材抗压强度设计值为:石材强度等级 × 0.7 × 0.7 × 1/1.85 = 0.265 × 石材强度等级。

原规范石材弯曲抗拉极限强度为标号的0.06倍,现石材等级为原石材标号的0.7倍,再考虑沿用原规范的材料安全系数2.31,则本次修订的石材弯曲抗拉设计值为:石材强度等级 × 0.06 × 0.7 × 1/2.31 = 0.0182 × 石材强度等级。

3.3.2 混凝土轴心抗压强度设计值,按照《公路钢筋混凝土及预应力混凝土桥涵设计规范》(JTG D62—2004)(以下简称《JTG D62规范》)中的规定值乘以0.85。

混凝土弯曲抗拉强度设计值,采用《JTG D62规范》混凝土轴心抗拉强度设计值乘以系数0.5,再乘以受拉区塑性影响系数γ。γ值随截面不同而变,现取常用截面平均值1.5。所以混凝土弯曲抗拉设计值为《JTG D62规范》混凝土轴心抗拉强度设计值乘以 $0.5 \times 1.5 = 0.75 \times$《JTG D62规范》混凝土轴心抗拉强度设计值。

混凝土直接抗剪强度试验资料很少,根据1975年、1995年和1999年的铁路规范,纯剪容许应力均取容许弯曲抗拉应力的2倍,本规范也采用这个比值。

3.3.3 砂浆砌体抗压强度设计值,系按照《GB 50003—2001规范》的取值原则,采用标准值除以材料分项系数 γ_f 得出。砌体的抗压强度与诸多因素有关,目前多采用根据范围较为广泛的系统试验归纳得出的经验公式进行计算。我国有关单位多年来对各类砌体进行了大量的砌体抗压强度试验,共取得三千多个试验数据,为掌握砌体抗压强度的各主要影响因素与砌体强度的关系,建立了符合我国实际情况的各类砌体抗压强度计算公式。根据与试验值相结合,变异系数尽量小,物理概念明确,并在表达形式方面尽量向国际标准靠拢的原则,通过反复运算和研究,提出如下形式比较简洁而统一的各类砌体的抗压强度平均值 f_m、抗压强度标准值 f_k、抗压强度设计值 f_d 的计算公式:

$$f_m = k_1 f_1^a (1 + 0.07 f_2) k_2 \tag{3-1}$$

$$f_k = (1 - 1.645 \delta_f) f_m \tag{3-2}$$

$$f_d = f_k / \gamma_f \tag{3-3}$$

式中 f_1——块体的强度(MPa);

f_2——砂浆的强度(MPa);

k_1——随砌体中块体类别和砌筑方法而变化的参数,见表3-1;

a——与块体高度有关的参数,见表3-1;

k_2——低强度等级砂浆砌筑的砌体强度修正系数,见表3-1;

δ_f——砌体变异系数；

γ_f——砌体材料分项系数。

根据《GB 50003—2001 规范》第 3.2.3 条，水泥砂浆砌筑时应乘以 0.9。按原规范第 2.0.5 条条文说明，水泥砂浆和易性较差，因此乘以 0.9 折减系数。公路桥涵砂浆强度等级最低为 M5，均用水泥砂浆，故乘以 0.9 折减系数。

表 3-1 砌体抗压强度平均值公式中的各系数

序号	砌体种类	k_1	a	k_2
1	块石（毛料石）	0.79	0.5	当 $f_2 < 1$ 时，$k_2 = 0.6 + 0.4f_2$;
2	片石（毛石）	0.22	0.5	当 $f_2 < 2.5$ 时，$k_2 = 0.4 + 0.24f_2$

注：表中 k_2 在表列条件之外均等于 1。

1　表 3.3.3-1。混凝土预制块砌体，根据原规范系按细料石考虑，即以块石砌体抗压强度设计值乘 1.5。混凝土强度等级，采用《JTG D62 规范》规定，所以当用于本条条文说明的公式时，需换算为石材强度等级，例如，C25 = MU1.28 × 25 = MU32，所以以 $f_1 = 32\text{MPa}$ 代入公式。

2　表 3.3.3-2。块石（毛料石）砌体抗压强度设计值参照《砌体结构》（司马玉洲主编）表 2.6 和《GB 50003—2001 规范》第 4.1.5 条分别取变异系数 $\delta_f = 0.17$、材料分项系数 $\gamma_f = 1.6$。考虑水泥砂浆折减系数 0.9，块石（毛料石）砌体抗压强度设计值取为：

$$f_d = \frac{0.9f_k}{1.6} = f_m(1 - 1.645\delta_f) \times \frac{0.9}{1.6} = 0.4052f_m \tag{3-4}$$

3　表 3.3.3-3。片石（毛石）砌体抗压强度设计值参照《砌体结构》表 2.6 和《GB 50003—2001 规范》第 4.1.5 条分别取变异系数 $\delta_f = 0.24$、材料分项系数 $\gamma_f = 1.6$。考虑水泥砂浆折减系数 0.9，片石（毛石）砌体抗压强度设计值取为：

$$f_d = \frac{0.9f_k}{1.6} = f_m(1 - 1.645\delta_f) \times \frac{0.9}{1.6} = 0.3404f_m \tag{3-5}$$

4　表 3.3.3-2 注和表 3.3.3-3 注内关于干砌块石和干砌片石抗压强度设计值，均取砂浆强度为零时的抗压强度设计值。与原规范规定的干砌块石和干砌片石的极限抗压强度为 2.5 号砂浆极限抗压强度的 0.5 倍相比，前者基本一致，后者则为 M2.5 砂浆的 0.7 倍。

5　表 3.3.3-4。砌体的抗压性能远比抗拉、抗弯和抗剪性能为好，所以通常砌体结构都用于受压构件，但在公路工程中也有像挡土墙和轻型桥台等受拉、受弯、受剪的情况，所以本次修订仍列出上述各项指标。根据《砌体结构》表 2.6，对于规则块材砌体（包括混凝土预制块、块石砌体）的拉、弯、剪的变异系数取为 $\delta_f = 0.2$，片石（毛石）砌体的变异系数取为 $\delta_f = 0.26$。这样可以通过如下砌体的平均强度计算公式得出各类砌体拉、弯、剪的强度标准值和设计值。

各类砌体轴心抗拉强度平均值 f_{tm}

$$f_{tm} = k_3 \sqrt{f_2} \tag{3-6}$$

各类砌体弯曲抗拉强度平均值 f_{tmm}

$$f_{tmm} = k_4 \sqrt{f_2} \tag{3-7}$$

各类砌体抗剪强度平均值 f_{vm}

$$f_{vm} = k_5 \sqrt{f_2} \tag{3-8}$$

式中 k_3、k_4、k_5——计算系数,见表 3-2。

表 3-2　砌体轴心抗拉、弯曲抗拉、直接抗剪强度平均值(MPa)及计算系数

砌体种类	$f_{tm} = k_3 \sqrt{f_2}$	$f_{tmm} = k_4 \sqrt{f_2}$		$f_{vm} = k_5 \sqrt{f_2}$
	k_3	k_4		k_5
		沿齿缝	沿通缝	
规则块材砌体	0.069	0.081	0.056	0.069
片石砌体	0.075	0.113	—	0.188

规则块材砌体

$$f_k = (1 - 1.645\delta_f)f_m = (1 - 1.645 \times 0.2)k\sqrt{f_2} = 0.671k\sqrt{f_2} \tag{3-9}$$

片石砌体

$$f_k = (1 - 1.645\delta_f)f_m = (1 - 1.645 \times 0.26)k\sqrt{f_2} = 0.572k\sqrt{f_2} \tag{3-10}$$

根据《GB 50003—2001 规范》第 3.2.3 条,水泥砂浆砌筑时应乘以 0.8。按原规范第 2.0.5 条条文说明,水泥砂浆和易性较差,因此乘以 0.8 折减系数。公路桥涵砂浆强度等级最低为 M5,均用水泥砂浆,故乘以 0.8 折减系数。

采用的材料分项系数为 1.6,考虑水泥砂浆折减系数 0.8,规则块材砌体和片石砌体轴心抗拉、弯曲抗拉、直接抗剪强度设计值为:

规则块材砌体

$$f_d = \frac{0.8}{1.6}f_k = 0.3355k\sqrt{f_2} \tag{3-11}$$

片石砌体

$$f_d = \frac{0.8}{1.6}f_k = 0.2862k\sqrt{f_2} \tag{3-12}$$

式中 f_m——概括代表砌体抗拉、拉弯、抗剪强度平均值;

f_k——概括代表砌体抗拉、拉弯、抗剪强度标准值;

f_d——概括代表砌体抗拉、拉弯、抗剪强度设计值;

k——概括代表 k_3、k_4、k_5,视相关荷载效应采用。

6　砌体拉、弯、剪破坏基本形式为:

1)砌体受拉时有三种破坏形式:沿齿缝;沿块体和竖向灰缝;沿水平通缝。其中前两种受力情况类同,仅破坏形式不一,砌体抗拉强度设计值取两者较小者,在规范内则称"齿缝"。水平通缝虽有一定的粘结力,但很不稳定、可靠,所以规范内不列入其抗拉强度设计值,也不允许在设计中出现通缝受拉。

2)砌体受弯拉时,在受拉区破坏。砌体弯拉有三种破坏形式:砌体在竖向受弯时,水平通缝截面受拉破坏,如轻型桥台受台背土压力和上部结构偏心压力使轻型桥台前面水平通缝受拉[图 3-1a)];砌体在水平方向受弯时,有沿齿缝破坏和沿块体及竖向灰缝破坏两种,其受力情况类同,但破坏形式不一,砌体抗拉强度设计值取两者较小者,在规范内则称"齿缝",如后肋式挡土墙的挡土面板,即为水平方向受弯一例[图 3-1b)]。

3)砌体受剪时,有三种破坏形式:通缝抗剪;齿缝抗剪和阶梯形抗剪。根据试验,上述三种破坏形式的抗剪强度基本一样,所以本规范"直接抗剪"不再分述破坏特征。

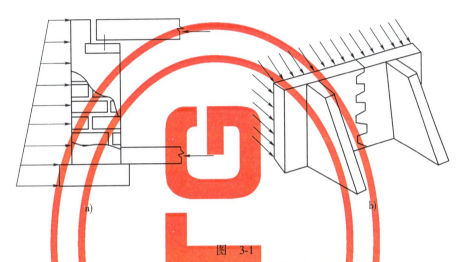

图 3-1
a)通缝截面弯曲受拉;b)齿缝截面弯曲受拉

3.3.4 小石子混凝土砌块石砌体抗压和直接抗剪强度设计值采用长安大学公路学院的试验数据,其结果见表 3.3.4-1 和表 3.3.4-3。小石子混凝土砌片石砌体抗压极限强度仍沿用原规范公式,其设计值见表 3.3.4-2;小石子混凝土砌片石抗剪、轴心抗拉、弯曲抗拉设计值采用长安大学公路学院建议的公式,其设计值见表 3.3.4-2。有关公式和数据说明如下:

1 小石子混凝土砌块石砌体的抗压强度标准值,按下列公式计算:

$$f_{ck} = [0.45k_1 k_2 f_1^{0.5}(1 + 0.26 f_2^{0.8})](1 - 1.645\delta) \tag{3-13}$$

式中 f_{ck}——砌体抗压强度标准值(MPa);

k_1——砌块规格系数,块石为 1.0,粗料石为 1.2,细料石、半细料石为 1.4;

k_2——砌体岩性系数,脆性岩石为 1.0,塑性岩为 1.5,本规范按脆性岩石用于表 3.3.4-1;

δ——变异系数,取 0.15;

f_1——石材强度等级(MPa);

f_2——小石子混凝土强度等级(MPa)。

设计值为标准值除以材料分项系数 1.6,即块石砌体抗压强度设计值为:

$$f_{cd} = [0.45k_1 k_2 f_1^{0.5}(1 + 0.26 f_2^{0.8})] \times (1 - 1.645\delta) \times \frac{1}{1.6} = 0.21185 f_1^{0.5}(1 + 0.26 f_2^{0.8}) \tag{3-14}$$

2 小石子混凝土砌块石砌体的直接抗剪强度标准值,按下列公式计算:

$$f_{vk} = k\sqrt{f_2}(1 - 1.645\delta) \tag{3-15}$$

式中 f_{vk}——砌体直接抗剪强度标准值(MPa);

k——与砌块规格有关的系数,取 0.098;

δ——变异系数,取 0.16;

f_2——小石子混凝土强度等级(MPa)。

小石子混凝土砌块石砌体直接抗剪强度设计值为其标准值除以材料分项系数 $\gamma_f = 1.6$,即块石砌体直接抗剪强度设计值为:

$$f_{vd} = 0.098\sqrt{f_2}(1 - 1.645 \times 0.16) \times \frac{1}{1.6} = 0.045129\sqrt{f_2} \tag{3-16}$$

按表 3-2,砂浆砌块石砌体 $k_3 = k_5$,即砂浆砌块石砌体轴心抗拉与直接抗剪同值;弯拉(沿齿缝)/直接抗剪 = k_4/k_5 = 0.081/0.069 = 1.174,弯拉(沿通缝)/直接抗剪 = k_4/k_5 = 0.056/0.069 = 0.8116,现移用于小石子混凝土砌块石砌体,则其弯拉(沿齿缝)设计值和弯拉(沿通缝)设计值分别为块石砌体直接抗剪设计值的 1.174 倍和 0.8116 倍。

3 小石子混凝土砌片石砌体的轴心抗压强度,本次规范修订未作试验,仍沿用原规范采用的 1964 年 11 月四川省交通厅公路勘察设计院《小石子混凝土砌体试验研究》推荐的轴心抗压极限强度公式,其设计值为轴心抗压极限强度除以原规范砌体安全系数 γ_m(相当于材料分项系数 γ_f)2.31。

小石子混凝土砌片石砌体轴心抗压极限强度公式为:

$$R_a = \beta A R_1 \left(1 - \frac{0.14}{0.16 + \frac{R_2}{2R_1}}\right) \tag{3-17}$$

$$A = \frac{10 + R_1}{10 + nR_1} \tag{3-18}$$

式中 R_a——轴心、抗压极限强度(MPa);

β——片石折减系数,取 0.8;

R_1——石材标号;

R_2——小石子混凝土强度标号;

n——系数,视石材标号而定,见表 3-3。

表 3-3 n 值

石材标号	≤50	60	80	100
片石砌体	3.9	3.7	2.7	2.7

以上公式和表均适用于 200mm 立方体石材试件,标号以试件强度表示。如采用 70mm 立方体试件,等级以试件强度表示,则等级应乘以 0.7 换算为标号。如 120 级石材,应以标号 84 按上述公式计算其轴心、抗压极限强度值。现在混凝土采用等级,应将其换算为标号按上述公式计算,其相互关系为 C30 = #32,C25 = #27,C20 = #22,C15 = #17。

小石子混凝土砌片石砌体的直接抗剪、轴心抗拉、弯曲抗拉强度设计值(均为齿缝),

根据长安大学公路学院提供的公式确定：$f_{vd} = \frac{1}{1.6} \times 0.188 \sqrt{f_2}(1 - 1.645 \times 0.26)$；$f_{td} = f_{vd}$；$f_{tmd} = 1.16 f_{vd}$。

3.3.5 本条数据参照《JTG D62 规范》、《GB 50003—2001 规范》有关数据确定，并对照了 ISO/TC179/SCI 的有关数据。

4 构件设计与计算

4.0.1~4.0.4 根据《公路工程结构可靠度设计统一标准》GB/T 50283(以下简称《GB/T 50283 标准》)的规定,结构设计采用概率极限状态设计原则和分项系数表达的方法。圬工桥涵结构除了按承载能力极限状态进行设计外,并应根据桥涵的结构特点,采取相应的构造措施来保证其正常使用极限状态的要求。同时,为了与其他结构形式保持基本相同的可靠水平,圬工桥涵构件的承载能力极限状态,根据《GB/T 50283 标准》的规定,视结构破坏可能产生的后果严重程度,应按表4.0.3划分的三个安全等级进行设计。

4.0.5 本条计算公式是参照《GB 50003—2001 规范》和原规范制定的,适用于砌体轴心受压和偏心受压,其形式相当于原规范公式(3.0.2-2),本条内 φ 值相当于原规范公式中的 $\varphi\alpha$。本条内 φ 值既考虑偏心影响,也考虑构件的长细比影响。

4.0.6 与原规范公式(3.0.2-2)相比,本条内公式(4.0.6-2)或(4.0.6-3)内,等号右边第一项即原规范公式(3.0.2-2)内的 α,等号右边第二项即原规范公式(3.0.2-2)内的 φ。原规范公式(3.0.3)内 $\alpha\beta^2$ 系经简化,现恢复为 $\alpha\beta(\beta-3)$,见原规范条文说明。此外,原规范第3.0.3条规定还要求单向偏心受压构件考虑非弯曲平面内的稳定,此项规定则在本条公式(4.0.6-1)内体现,而且较原分散验算更为合理。

本条公式(4.0.6-1)系按长安大学建议,采用尼克勤(N.V.Nikitin)提出的混凝土构件半经验、半理论公式经转换后确立的。尼克勤公式可按下式表达:

$$N_d \leq \frac{1}{\dfrac{1}{N_{uxd}} + \dfrac{1}{N_{uyd}} - \dfrac{1}{N_{uod}}} \tag{4-1}$$

式中 N_d——构件轴向力设计值;

N_{uxd}、N_{uyd}——分别为轴向力作用于 x 轴、y 轴,考虑相应承载力影响系数 φ(偏心影响系数和长细比影响系数)后的偏心受压承载力设计值;$N_{uxd}=\varphi_x A f_{cd}$,$N_{uyd}=\varphi_y A f_{cd}$,其中 A 为构件截面面积,f_{cd} 的抗压强度设计值;

N_{uod}——轴心受压构件,其偏心影响系数为1,不考虑长细比影响,于是,承载力影响系数 $\varphi=1$;$N_{uod}=A f_{cd}$。

把 N_{uxd}、N_{uyd} 和 N_{uod} 代入公式(4-1),将"≤"右式的分子、分母分别乘以 $A f_{cd}$,便得:

$$N_d \leq \frac{A f_{cd}}{\dfrac{1}{\varphi_x} + \dfrac{1}{\varphi_y} - 1} \tag{4-2}$$

在公式(4-2)中,$\frac{N_d}{Af_{cd}} = \varphi$,于是可得出本条公式(4.0.6-1)。关于尼克勤公式的讨论,可参见汪一骏等主编《混凝土结构》5.9节及2001年3月《黑龙江水专学报》刘长和等"矩形截面双向偏心受压砌体结构计算方法的研究"一文。

本条公式(4.0.6-2)或(4.0.6-3)内,等号右边第一项即原规范公式(3.0.2-2)内的α,它是砌体偏心受压影响系数。建筑部门对于矩形截面构件,其原公式为$\alpha = \frac{1}{1+(e/i)^2}$。为了适用于公路桥梁方面的构件截面,我们将分子项改为$1-(e/y)^m$,即为原规范公式(3.0.2-2),现仍予沿用,有关资料可参阅原规范条文说明或杨高中《桥梁结构论文集》(人民交通出版社)。

4.0.7 本条参照《GB 50003—2001规范》第5.1.2条制定。本条内截面回转半径i_x、i_y,当构件为等截面时,与第4.0.6条内的i_x、i_y含义一致;当构件为变截面时,可取等代截面的回转半径;如变截面拱圈见第5.1.4条条文说明第4款,对截面变化不大的圬工桥墩,可取平均截面的回转半径。

4.0.8 混凝土构件和砌体构件的偏心受压承载力计算,如按弹性状态,两者可采用同一计算方法。如果进入塑性状态,两者并不一致。砌体是由单块石块用砂浆衬垫粘结而成;混凝土则相对来讲较为匀质,其整体性较好。所以在塑性状态,砌体的承载力计算公式不应用于混凝土结构。混凝土构件偏心受压构件进入塑性状态,根据试验分析,可以认为受压区的法向应力图形为矩形,受压应力的合力点与轴向力作用点重合,在确定偏心受压构件的受压区面积时,可先根据轴向力偏心距e,然后得出受压区面积重心离截面重心轴的距离$e_c = e$,根据受压区面积重心即可得出受压区面积。1975年《公路桥涵设计规范》附录3-2(三)、前苏联《铁路、公路、城市道路桥涵设计规范》CH200-62(以下简称《前苏联CH200-62规范》)第566条、《混凝土结构设计规范》GB 50010—2002(以下简称《GB 50010—2002规范》)附录A中A.2.1条,都采用这种方法。美国《公路桥梁设计规范——荷载与抗力系数设计法》10.6.3.1.5则将此法用于地基承载力的计算。可见,这个方法在国内外通用于偏心受压构件进入塑性状态的强度计算。

4.0.9 偏心距的制定应考虑承载能力极限状态。当偏心距较小时,由于圬工的弹塑性性能,截面应力呈曲线分布,但全截面受压。当偏心距增大时,截面上离轴向力较远一侧边缘的压应力减小,并由受压逐步过渡到受拉;在近轴向力侧边缘,则压应力有所提高;当受拉边缘的应力大于圬工的弯曲抗拉强度时,将产生裂缝。随着裂缝的开展,受压面积逐渐减小,荷载对实际受压面积的偏心距也逐渐减小,使该受压部分具有局部受压性质,此时承载力有所提高。《GB 50003—2001规范》第5.1.5条规定轴向力偏心距不应超过0.6y(y为单偏心时截面重心至偏心方向截面边缘距离,以下同)。

圬工结构容许出现裂缝,但裂缝宽度应予控制。正常使用极限状态采用荷载标准值,其值约为极限荷载的0.5~0.6倍,所以当等于极限荷载的0.5~0.6倍时出现裂缝的偏心距,作为偏心距的限值。下面是上世纪一些试验结果:西南建筑研究所上世纪70年代砖砌体试验,当 $e \geqslant 0.7y$ 时,加载至0.7倍极限荷载出现裂缝;第三铁路设计院混凝土矩形截面试验,当 $e = 0.6y$ 时,加载至0.565倍极限荷载出现裂缝。参考国外规范对偏心距限值的规定,原规范制定了偏心距限值,本规范仍沿用原规范规定。

从截面的抗倾覆稳定安全系数 $k = y/e$(见《公路桥涵与基础设计规范》JTJ 024—85第3.4.1条)来看,当 $e = 0.6y$ 和 $e = 0.7y$ 时,如不计截面抗拉,倾覆稳定安全系数 $k = y/0.6y = 1.67$ 和 $k = y/0.7y = 1.43$。

上面从抗压强度、裂缝、截面稳定三个方面综合考虑,表4.0.9的偏心距限值是合适的。这些限值沿用原规范表3.0.2-1数值,但"其他结构"改与"中、小跨径拱圈"一致。

原规范表3.0.2-1及《前苏联CH200-62规范》第578条关于混凝土构件受拉区设不小于0.05%钢筋时,偏心距可增加 $0.1y$ 的规定,本规范仍予沿用。

4.0.10 当构件截面的轴向力比较小而偏心距 e 比较大,超过了表4.0.9规定的限值时,在截面受拉边还有可能小于抗弯拉强度设计值。在这种情况下,可按本条进行计算。

按本条规定设计,结构将不出现裂缝,因此也不需要通过限制偏心距的办法来控制结构的裂缝。

4.0.11 本条仅适用于混凝土截面局部受压。本条公式(4.0.11-1)与《JTG D62规范》公式(5.3.1)一致,其中乘数0.9是适当提高混凝土安全度;《混凝土设计规范》(GB 50010—2002)附录A、A.5.1条也有类似考虑。桥涵结构的砌体截面如承受局部受压,应在其上浇筑一层混凝土,在混凝土上面的压力以45°扩散角向下分布,分布后的压力强度不应大于砌体的强度设计值。

4.0.12 石板和混凝土受弯时的承载能力,按本条所给公式(4.0.12)计算,该公式是由原规范中相应的计算公式转换而来,即原规范公式(3.0.6)为:

$$M \leqslant W \frac{R_{wl}^j}{\gamma_m} \tag{4-3}$$

上式中用材料强度设计值 f_{tmd} 置换 R_{wl}^j/γ_m,并计入桥梁结构重要性系数 γ_0,得:

$$\gamma_0 M_d \leqslant W f_{tmd} \tag{4-4}$$

上式即为本条公式(4.0.12)。

4.0.13 本条系参照原规范第3.0.7条的规定。

4.0.14 多阶段受力的组合构件,由于不同受力阶段构件的截面也在不断变化,因此应分别验算不同阶段的承载能力。对于必须采用应力叠加的场合,例如施工或旧桥鉴定时的应力测试,也可用计算应力的方法,此时应力限值可取测试时材料强度设计值的0.75倍。材料强度设计值可根据测试时的砂浆立方强度或混凝土立方强度对照本规范相关材料设计值取得。

条文说明

5 拱桥

5.1 拱桥计算

5.1.1 无铰拱和双铰拱,目前多按主拱圈裸拱受力计算,拱桥设计手册的所有方法、图表均以裸拱受力考虑。本条对无铰拱和双铰拱的有关规定,均以裸拱受力为准,不考虑它与拱上建筑的联合作用。拱上建筑为拱式结构的拱桥,可以考虑拱上建筑与拱圈的联合作用,此时可将主拱圈与拱上建筑作为整体结构计算;也可按裸拱计算,不考虑纵向(弯曲平面内)长细比对构件承载力影响,如本规范第5.1.4条第2款第1)、2)项所述。

原规范第4.2.1条,对不同的跨径,当拱矢度相对较大时可不考虑弹性压缩的规定,这条规定来自前苏联公路、铁路桥梁设计规范,上个世纪50年来一直为我国公路、铁路规范所采用。公路拱桥设计自上世纪60年代以后就采用拱桥设计手册的计算用表,这些计算用表均计入弹性压缩。所以,本规范不将原规范第4.2.1条内容列入。而且,拱涵的厚度大、自重也大,即使跨径小,弹性压缩仍不可忽视,而原规范第4.2.1条的规定是由于上世纪40年代受计算技术的局限而作的一些简化,没有必要再次列入。

5.1.2 中、小跨径悬链线拱桥,可采用数解法算出拱跨1/4点不考虑弹性压缩时的自重压力线坐标,然后选择拱轴系数m。对于实腹式悬链线拱,也可用拱脚单位长度的自重强度与拱顶单位长度的自重强度之比得出拱轴系数m。在确定拱轴系数前,要先假定拱轴系数、拱顶和拱脚的厚度等几何参数,然后反复试算确定拱轴系数。空腹拱在拱顶、拱脚和1/4拱跨处,拱轴线与不考虑弹性压缩的自重压力线重合,其他各点则有所偏离。在1/4拱跨至拱脚处,由于腹拱挖空量较大,自重压力线多偏离在拱轴线以下,而1/4拱跨至拱顶处,自重压力线多偏离在拱轴线以上。如果考虑上述偏离影响,根据某些计算表明,拱脚多发生正弯矩,拱顶多发生负弯矩,与设计荷载作用下的拱脚、拱顶的弯矩方向相反。所以,如果偏离不大,在上述情况下不考虑偏离影响,对于拱顶、拱脚都不会有不利影响。

选择拱轴线的另一方法是:在先行假定各项有关拱的参数以后,用数解法算出全拱各点的不考虑弹性压缩的自重压力线坐标,然后选择相当的拱轴线,这样选择的拱轴线,除拱顶、拱脚与压力线符合外,其他各点也较为均匀地大致符合。这种适线法也为设计所采用。

大跨径悬链线拱桥应优选拱轴线,使在各个阶段(包括施工阶段)受力较为适中,符合各方面受力要求。优选拱轴线需从各个情况考虑、试算,包括拱圈截面和拱上建筑布置的调整,得到一个最佳的拱轴线方案。

恒载压力线不可能与拱轴线完全重合。大跨径拱桥宜考虑恒载压力线偏离拱轴线引起荷载效应。中、小跨径拱桥,如前所述,只要五点重合,可以不考虑恒载压力线偏离拱轴线引起的荷载效应。

在恒载作用下的弹性压缩,引起弹性中心有一个拉力。弹性压缩将导致拱轴线向下偏离,从而引起了附加效应,据1996年第6期《公路》杂志所载刘其伟《对无铰拱弹性压缩所引起的拱轴偏离影响的探讨》一文分析,由于弹性压缩引起拱轴线偏离而导致的拱轴线偏离弯矩仅为弹性压缩产生的弯矩的0.2%,所以,一般可不考虑上述拱轴线的偏离影响。

温度升降、混凝土收缩和徐变等因素,也可引起拱轴线偏离。由于上述因素也导致的拱轴线偏离而引起附加效应,其值甚小,一般可不考虑此项偏离影响。

5.1.3 实腹式拱桥或拱上建筑为拱式结构的空腹式拱桥,由于其纵横向整体性较好,历来均考虑活载可均匀分布于全宽。对于拱上建筑为简支板(梁)体系的空腹式拱桥,除采用墙式墩,且活载布置不超过拱宽范围者外,应考虑活载的横向不均匀分布,特别是横向将拱上建筑的墩上盖梁挑出,活载的不均匀分布尤为显著。

5.1.4 拱圈是等截面或变截面曲杆。拱圈每个截面的弯矩 M、轴向力 N、偏心距 $e(e = M/N)$都是变数。为了使直杆偏心受压公式移用于拱,参照原规范第3.0.2条规定,仍分列为拱的截面强度验算和拱的整体"强度—稳定"验算。这两项验算与原规范第4.2.7条对应,并作了适当修正,以适应新的有关承载力计算的规定。根据本规范公式(4.0.5)、(4.0.8-1)特点(例如考虑双向的偏心距和长细比影响),这两项验算的要点分别说明如下:

1 拱的截面强度验算应在各受力不利截面进行。原规范第4.2.5条列有应验算的截面。由于圬工拱桥多系等截面拱,其受力不利截面为拱脚、拱顶、拱跨1/4或3/8,这已为一般所共识,所以条文内不再指定应验算截面,设计时可根据设计和计算条件,自行确定需要验算截面。强度验算时仅考虑各截面的轴向力和偏心距对承载力的影响,长细比对承载力影响不予考虑,对于砌体结构,在公式(4.0.6-2)、(4.0.6-3)内,β_x、β_y可假定小于3取为3;对于混凝土结构,在公式(4.0.8-3)、(4.0.8-6)内,φ取为1.0。拱的截面强度验算是考虑拱的各截面内力悬殊,取其受力较为不利者分别予以验算,所以仅考虑受力不利截面轴向力和偏心距对承载力影响,而不考虑长细比对承载力的影响,否则将过度估计受力的不利因素。也可以说,它与拱的整体"强度—稳定"验算相互补充,考虑受力不利的各个方面。

2 拱的整体"强度—稳定"验算是将拱换算为直杆,按直杆承载力计算公式验算拱的承载力。这是一个近似的模拟直杆方法,所以它考虑了偏心距和长细比双重影响。由于模拟为直杆,全拱只能取用同一个的轴向力、偏心距和截面。对于轴向力取值见本条公式(5.1.4),其值近似于计算荷载下各截面平均轴向力。公式(5.1.4)内拱的水平推力设计值应根据推力影响线布载,求取最大水平推力。对于偏心距,则采用与最大水平推力相应的 1/4 跨处的弯矩除以公式(5.1.4)计算所得轴向力,其值可以认为是各截面平均轴向力的平均偏心距。

拱圈如符合本规范第 5.1.1 条关于拱上建筑与联合作用的条件,拱圈在纵向(弯曲平面内)因受拱上建筑约束就可不计纵向长细比对承载力的影响。此时,砌体拱可令纵向长细比 β_y 小于 3 取为 3,但在拱圈横向(弯曲平面外)并没有约束,因此仍应考虑横向长细比 β_x 对承载力的影响;混凝土拱纵向取 $\varphi=1$,横向在计算弯曲系数 φ 时取用拱圈横向的长细比。符合拱上建筑与拱圈联合作用条件者,必须在拱上建筑合龙后才能考虑联合作用。施工阶段,在拱上建筑合龙前的所有拱上建筑的自重及施工荷载作用下,只能考虑裸拱受力而不能考虑联合作用受力。

3 将拱换算为直杆,拱的纵向(弯曲平面内)与横向(弯曲平面外)的换算系数不同,其换算为直杆的计算长度分别推导如下:

1)拱的纵向计算长度

按《铁路桥涵设计基本规范》TB 10002.1—99(以下简称《TB 10002.1—99 规范》)第 5.2.13 条,拱的纵向(曲线平面内)稳定计算长度 l_a 按公式(5-1)计算:

$$l_a = \pi \sqrt{\frac{8f}{kl}} \cdot l \tag{5-1}$$

式中　l——拱的跨径;
　　　f——拱的矢高;
　　　k——按表 5-1 取用。

表 5-1　拱的纵向稳定计算长度 l_a

拱的类型	$f/l=0.1$			$f/l=0.2$			$f/l=0.3$		
	k	l_a	l_a	k	l_a	l_a	k	l_a	l_a
无铰拱	60.7	$0.36l$	$0.36L_a$	101.0	$0.39l$	$0.36L_a$	115.0	$0.45l$	$0.37L_a$
双铰拱	28.5	$0.53l$	$0.53L_a$	45.5	$0.59l$	$0.54L_a$	46.5	$0.71l$	$0.58L_a$
三铰拱	22.5	$0.59l$	$0.59L_a$	39.6	$0.62l$	$0.57L_a$	46.5	$0.71l$	$0.58L_a$

注:L_a 为拱轴线长度。

公式(5-1)源于《前苏联 CH200-62 规范》第 206 条及第 411 条或 1965 年李国豪主编《桥梁结构与振动》第 87 页,是按抛物线拱受均布荷载的临界水平推力公式推导出来的。由于公路拱桥线形、截面多样,荷载也非均布荷载,所以偏安全地将上述公式用于平均轴向力作用下的纵向稳定验算。根据表 5-1,拱圈纵向稳定计算长度,三铰拱、双铰拱和无铰拱分别取用 $0.58L_a$、$0.54L_a$ 和 $0.36L_a$。这些规定值,自上世纪 50 年代以来,一直为砖、石、混凝土拱所采用,1975 年《公路桥涵设计规范》延伸用于钢筋混凝土拱和钢拱。为了验证这些规定值,1975 年《公路桥涵设计规范》第 5.18 条条文说明用圆弧拱受径向均布荷载下的临界荷载作了比较,其计算值如表 5-2。

表 5-2 拱的纵向稳定计算长度（圆弧拱径向均布荷载）

f/l	1/10	1/5	1/3
无铰拱	$0.356L_a$	$0.362L_a$	$0.378L_a$
双铰拱	$0.508L_a$	$0.516L_a$	$0.540L_a$
三铰拱	$0.595L_a$	$0.585L_a$	$0.580L_a$

注：L_a 为拱轴线长度。

表 5-2 是按拱的临界平均轴向力推导出来的，其值与本规范规定的计算长度接近。

2) 拱的横向计算长度

《公路设计手册：拱桥（上册）(1978)》公式(9-12)，圆弧无铰拱在均布径向荷载作用下的横向稳定临界力为：

$$N_{cr} = kE\frac{I_y}{\gamma^2} \tag{5-2}$$

式中　I_y——拱圈截面绕竖轴(y 轴)的惯性矩；

　　　r——拱半径；

　　　E——拱材料弹性模量；

　　　k——系数，其值与圆弧拱的圆心角 α（以弧度计）有关，见表 5-3。

表 5-3　系数 k

α/π	0.25	0.50	1.00
k	60.1	12.6	1.85

令公式(5-2) N_{cr} 等于上下铰接的直杆临界力 $N_{cr} = \pi^2 E\frac{I_y}{l_0^2}$，由此可解出 $l_0 = r\pi\sqrt{1/k}$，各种矢跨比的无铰板拱的横向稳定计算长度 l_0 如本条表 5.1.4 所示。

1975 年《铁路工程技术规范》第二篇第 2-317 条，对于拱的横向（平面外）的稳定，建议近似地将拱视为长度等于拱轴长度的直杆进行计算。这个方法也曾在公路拱桥设计中使用。规范表 5.1.4 的计算长度 l_0，接近于拱轴线长度乘以两端固接系数 0.5。对于双铰拱，可以近似地将拱视为长度等于拱轴长度的直杆进行计算，双铰拱为拱轴线长度乘以 1.0。

4　关于变截面拱圈在拱的整体"强度—稳定"验算中的截面取值问题，可采用拱的换算等代截面惯性矩方法，推荐如下：将半个拱圈弧长取直为一简支梁，再取一跨径相同的等截面简支梁，在两者跨径中央加载一单位集中力，当该点挠度彼此相等时，后者的惯性矩即视为该拱的换算等代截面惯性矩。变截面拱圈一般取等宽变高，也可取变宽等高。由于宽度或高度必有一个在全拱为定值，另一个值不难自求得的惯性矩反求得出。

5　本条第 2 款第 3)项，当拱圈宽度等于或大于 1/20 计算跨径时，可不考虑横向长细比影响或横向稳定，这是沿用原规范第 4.2.2 条规定。这项规定一直为公路、铁路规范所采用。目前已建拱桥中，前南斯拉夫克尔克桥宽跨比为 1/30，前南斯拉夫另一座舍宾斯基 1 号桥为 1/32.5，我国铁路丹河桥为 1/26.67，所以从实践的角度来看，拱圈宽度等于或大于1/20可不考虑横向长细比影响或横向稳定。

5.1.6 本条沿用原规范第4.2.2条规定。计算桥上横向风力时,需先将全桥所受风力总和 W 求出,在假拟的固定端水平直梁上满布均布荷载为 $q_{1w} = \dfrac{W}{l}$ (l 为计算跨径),其固定端弯矩为 $M_{1w} = q_{1w}\dfrac{l^2}{12}$;在假拟的竖向悬臂梁上满布均布荷载为 $q_{2w} = \dfrac{W}{2f}$ (f 为计算矢高),其固定端弯矩为 $M_{2w} = q_{2w}\dfrac{f^2}{2}$。计算离心力时,需将全桥列车离心力 P 求出,作用于固端水平直梁上的均布荷载为 $q_{1c} = \dfrac{P}{l}$,其固定端弯矩为 $M_{1c} = q_{1c}\dfrac{l^2}{12}$;作用于竖向悬臂自由端的集中荷载为 $P/2$,其固定端弯矩为 $M_{2c} = P\dfrac{f}{2}$。$M_1 = M_{1w} + M_{1c}$,$M_2 = M_{2w} + M_{2c}$,代入本条公式(5.1.7)即可得到垂直于曲线平面的拱脚截面弯矩 M。

5.1.7 本条沿用原规范第4.2.9条规定。多跨无铰拱桥当桥墩抗推刚度与主拱抗推刚度之比大于37时,可简化为单跨无铰拱计算。据《公路设计手册,拱桥(上册)》(1978年)表7-5和王国鼎《拱桥连拱计算》表5-7,连拱按单拱计算判别条件综合如表5-4所示。按本条规定,简化后精度为95%。

表5-4 连拱按单拱计算的计算精度

计算精度		0.98	0.95	0.90	0.85	0.80
墩、拱刚度比	拱桥手册	—	>37.0	>17.1	>10.3	>7.1
	连拱计算	≥98.0	≥38.0	≥18.0	≥11.3	≥8.0

5.1.8 本条沿用原规范第4.2.8条规定。这项规定自1975年《公路桥涵设计规范》至今,一直沿用。混凝土拱桥和石拱桥的混凝土收缩和温度变化效应计算,考虑混凝土和砌体的徐变影响,上世纪的规范及著作都有不少规定和论述,简要介绍如下:

参考文献[1]建议,由于温度所引起的弯矩和轴向力,乘0.5。

参考文献[2]认为,混凝土拱在弯矩最大的拱顶和拱脚截面,在每侧长度等于拱圈截面高度的范围内,塑性变形达最大值,此时弹塑性总变形量等于弹性变形量的四倍。这样,估计对温度的抗力等于按弹性计算所得3~5倍。因此,建议混凝土的温度应力和混凝土收缩应力计算时的弹性模量采用受压弹性模量的0.625倍。

参考文献[3]认为石拱桥或混凝土拱,除非受压区超过容许值甚至达到抗压极限,否则不会开裂。因此,建议跨径小于25m的拱桥不计温度应力,并进一步建议任何跨径的石拱桥和混凝土拱桥,仅验算压应力,不计拉应力。

参考文献[4]规定,跨径等于或小于25m且矢跨比等于或大于1/6的石拱桥,温度应力可折减一半。

1 徐变作用下混凝土收缩效应折减系数

混凝土的徐变与收缩关系密切。混凝土的收缩引起了混凝土产生应力，混凝土因受力而产生塑性变形即徐变。下面讨论两者相互作用的问题。

设徐变和收缩应变在拱外缘及内缘均相等，由此徐变和收缩在弹性中心处产生水平推力。设：

ε_n——混凝土最终收缩应变值；

$\varepsilon_{(t)}$——在时间 t 时的收缩应变值；

φ_n——混凝土徐变终止时的徐变系数；

$\varphi_{(t)}$——在时间 t 时的混凝土徐变系数。

参考文献[5]第117页载称"徐变系数-时间"与"收缩应变-时间"曲线甚为相似。因此在时间 t 时混凝土的收缩应变为：

$$\varepsilon(t) = \varepsilon_n \frac{\varphi(t)}{\varphi_n} \tag{5-3}$$

设 H_n——不考虑徐变影响的混凝土收缩在弹性中心处产生的水平推力；

$H(t)$——考虑徐变影响后，在时间 t 时由于混凝土收缩在弹性中心处产生的水平推力；

δ_{22}——在弹性中心处由于单位水平力引起的水平位移。

由于混凝土最后的收缩应变值 ε_n，在弹性中心所引起的水平位移 $\Delta\varepsilon$ 为：

$$\Delta\varepsilon = \varepsilon_n l \tag{5-4}$$

式中 l——拱的计算跨径。

由于混凝土收缩，在弹性中心处水平推力 H_n（图 5-1）为：

$$H_n = -\frac{\Delta\varepsilon}{\delta_{22}} = -\frac{\varepsilon_n l}{\delta_{22}} \tag{5-5}$$

以上两拱脚相对分开时 $\Delta\varepsilon$ 为正号，反之为负号。收缩使跨径缩短，但由于两拱脚是固接端，不得缩短，相对来讲两拱脚分开了，故 $\Delta\varepsilon$ 为正号，H_n 为负号，表示作用力方向与图(5-1)示方向相反。

现在来分析在同一时间内混凝土的徐变和收缩相互作用的情况。设在时间 t 到 $t+\Delta t$ 内，弹性中心处由于徐变和收缩相互作用所引起的水平推力 $H(t)$ 及 $H(t)+dH(t)$（图 5-1）。在微小时间 $d(t)$ 内，由于收缩力的增量 $dH(t)$，在弹性中心所引起的水平位移为 $dH(t)\cdot\delta_{22}$。

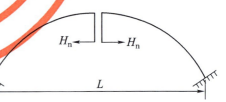

图 5-1 考虑徐变后的混凝土收缩在弹性中心的水平推力

在时间 t 内，由于弹性中心已产生的水平推力 $H(t)$ 的作用，使拱在 dt 时间增量过程中产生的徐变为 $H(t)\cdot\delta_{22}\cdot d\varphi(t)$。其中 $d\varphi(t)$ 为 dt 时间的徐变系数。

在 dt 时间内，由于混凝土收缩使拱产生的变位 $\varepsilon(dt)$ 为：

$$\varepsilon(dt) = \Delta\varepsilon \frac{d\varphi(t)}{\varphi_n} = \frac{\varepsilon_n l}{\varphi_n} d\varphi(t) \tag{5-6}$$

由于在收缩和徐变过程中始终保持为一连续体，因此上述各项水平位移的代数和为

零,由此得到变形方程式:

$$\mathrm{d}H(t) \cdot \delta_{22} + H(t) \cdot \delta_{22} \cdot \mathrm{d}\varphi(t) + \frac{\varepsilon_n l}{\varphi_n}\mathrm{d}\varphi(t) = 0 \tag{5-7}$$

当时间为零时,收缩所引起的轴向力也为零。故初始条件为:

$$t = 0 \qquad H(t) = 0$$

由此得到微分方程式的解为:

$$H(t) = -\frac{\varepsilon_n l}{\varphi_n \delta_{22}}[1 - e^{-\varphi(t)}] \tag{5-8}$$

由于 $H_n = -\frac{\varepsilon_n l}{\delta_{22}}$,故 $\delta_{22} = -\frac{\varepsilon_n l}{H_n}$ 代入上式(5-8)得,

$$H(t) = H_n\left[\frac{1 - e^{-\varphi(t)}}{\varphi_n}\right] \tag{5-9}$$

当 $t \to \infty$, $\varphi(t) \to \varphi_n$ 得最后解:

$$H(t)_\infty = H_n\left[\frac{1 - e^{-\varphi_n}}{\varphi_n}\right] = \eta H_n$$

$$\eta = \frac{1 - e^{-\varphi_n}}{\varphi_n} \tag{5-10}$$

混凝土最终徐变系数,与水泥品种和标号、水灰比、水泥浆含量、截面尺寸、空气相对湿度、加载龄期等有关,本规范仍采用原规范参照《前苏联 CH200-62 规范》和《第六届国际预应力混凝土会议的建议》确定的 $\varphi_n = 2.0$,按公式(5-10),得 $\eta = 0.45$。这样,原规范规定的计算混凝土收缩效应时折减系数为 0.45 仍不变。这个数值适用于我国大部分年平均相对湿度 55%～80% 地区;对于干旱地区,则偏于安全。

2　徐变作用下温度变化效应折减系数

温度变化不像混凝土收缩那样持续进行,它是年复一年反复进行。根据老化理论,随着混凝土龄期的增长,计算温度变化时的徐变影响将削弱。计算徐变对温度影响时,参考文献[6]建议徐变系数 φ_t 采用终极徐变系数 φ_n 的 0.25 倍,即 $\varphi_t = 0.25 \times 2 = 0.5$,此时按公式(5-10), $\eta = 0.787$。此外,1975 年《公路桥涵设计规范》编制时,兰州铁道学院熊清章教授(已故)根据参考文献[7]关于徐变对温度变化的影响的论著进行了研究和试算,建议折减系数为 0.62～0.65。综合以上情况,本规范仍沿用原规范规定,徐变对温度变化效应乘以 0.7 折减系数。

以上为徐变对混凝土拱的混凝土收缩效应、温度变化效应的影响。至于对石砌体和混凝土预制块砌体拱桥,其灰缝的塑性变形与混凝土徐变性质类似,所以,上述折减系数也适用于石砌体和混凝土预制块砌体拱桥。

本条参考文献:

[1]　《双曲拱桥》(1971 年);

[2]　K.C 扎夫里也夫《轻质混凝土拱桥》;

[3]　r.π.别列捷列《桥梁教程》;

[4]　德国 1955 年规范《DIN1075》;

[5] 张树平《预应力混凝土结构》(1959年);
[6] H.E.吉卜西曼《预应力钢筋混凝土桥梁理论与计算》;
[7] H.X.阿鲁久涅扬《蠕变理论中若干问题》。

5.1.9 箱内外温差,需视当地气候条件而定,原规范第4.2.10条定为5℃,对于气候温和地区是可行的,但是对于温度变化骤冷骤热地区,其值应予增加。

5.1.10 本条沿用原规范第4.2.12条的规定。原规范仅作一般概述,现将具体理由说明如下。

据本规范第5.1.8条条文说明内参考文献[5]载述,设梁一端为固定支座,一端为铰接支座,当铰接端发生沉降时,考虑混凝土徐变与不考虑徐变的铰接端附加反力的比值为 $e^{-\varphi_n}$;设一双铰拱的拱脚发生水平位移,考虑混凝土徐变与不考虑徐变的附加水平推力和拱内弯矩的比值也为 $e^{-\varphi_n}$。$e^{-\varphi_n}$ 见表5-5,其中 φ_n 为徐变终极系数。

表5-5 $e^{-\varphi_n}$ 值

φ_n	1.5	2.0	3.0	4.0	5.0
$e^{-\varphi_n}$	0.223	0.135	0.050	0.018	0.007

$e^{-\varphi_n}$ 如表5-5所示,从表中可以看出,考虑徐变且其终止后,因支座沉降或拱脚水平位移而产生的附加作用都很小。但是,徐变终止需几十年的时间,其中大部分在五年内完成。建筑物因地基原因而产生的支点沉降或水平位移多发生在建筑物完工以后的一个短时期内,此时应采用沉降或水平位移开始至完成一段时间的徐变系数 φ_t。随着时间的延长,徐变持续进行,最后到徐变终止时才可达到 φ_n。设计采用值应为 φ_t,此值较 φ_n 为小。

上述两例是以一次超静定结构计算推导出来的结果。对于多次超静定结构,各赘余力考虑徐变以后的折减,可得同样的结果,所以它可以推及各种超静定结构。

如前所述,考虑徐变影响应考虑自徐变开始至沉降或水平位移完成的一段时间的徐变系数 φ_t。设 φ_t 取为0.7,$e^{-\varphi_t} = e^{-0.7} = 0.5$,则由相邻墩台引起的不均匀沉降或桥台水平位移引起的作用效应,可乘以折减系数0.5。

5.1.11 本条沿用原规范第4.2.13条规定。此项规定自1975年《公路桥涵设计规范》一直沿用。拱桥由于荷载引起的正负挠度的最大绝对值之和一般产生在拱跨的1/4。

5.2 拱桥构造

5.2.1 拱的矢跨比除根据地形、地基条件选择外,尚应考虑施工的难易程度。矢跨比越大则拱轴系数 m 值越大,拱脚段施工较困难。

矢跨比大于1/4的拱尽管水平推力相对较小,但拱轴线较长,对稳定不利。矢跨比小于1/8的拱水平推力较大,弹性压缩和收缩、温度变化效应也增加,对拱圈和墩台受力也不利。所以,矢跨比宜在 1/4～1/8 之间选择。从受力强度和稳定综合考虑,除小跨径桥涵外,矢跨比 1/5 至 1/6 最为合适。悬链线多用于中、大跨径的空腹拱桥,因拱上建筑日趋轻型化,拱上建筑自重接近于均布荷载,所以 m 值不宜过大。无支架施工时拱圈自重接近于均布荷载,拱轴系数小有利于拱圈施工受力。

5.2.2 空腹式拱桥的拱上建筑腹拱的拱铰上面的侧墙、人行道栏杆都应设置伸缩缝或变形缝。在腹拱拱脚铰上面设伸缩缝,在腹拱拱顶铰上面设变形缝。伸缩缝宽度 20～30mm,缝内塞以填充物,如锯末和沥青按 1:1(重量比)配制的预制板,上缘做成不透水的覆盖层。变形缝不留缝宽,设缝处可用油毛毡隔离或用低强度等级砂浆砌筑,以适应主拱圈的变形。

伸缩缝或变形缝有利于主拱圈适应温度变化、混凝土或砂浆收缩,也有利于拱上建筑适应主拱圈的弹性与非弹性变形,避免拱上建筑产生裂缝。

对于梁式或板式拱上建筑,可在主拱拱脚处设一立柱并与墩台身墙隔离。也可采用其他措施,例如取消主拱拱脚处立柱,而将梁或板直接搁于墩台身墙的顶面,此时,支座应采用活动支座,以适应主拱变形,避免因主拱变形而导致支承处墩台身墙顶面开裂。

5.2.3 多孔拱桥连拱作用显著,一孔坍塌将导致邻孔受损,甚至全桥损毁,所以,应根据基础的安全性及施工设备情况,确定设计全拱恒载单向推力墩或施工制动墩是必要的。根据以往的经验宜每三孔至五孔应设置一个承受一孔拱桥自重的单向推力墩。

5.2.4 在软土地基修建拱桥,一般采用无支架或早期脱架施工,使拱圈随着安装砌筑的进程逐步地适应地基变形。采用无支架或早期脱架施工,拱圈自重接近均布荷载,因此,悬链线拱拱轴系数宜小,比较接近于抛物线($m=1$)。在软土地基建拱桥,由于地基变形,对拱脚较为不利。悬链线拱如拱轴线 m 较大,其线形在拱跨 1/4 处耸起,弹性中心离拱脚相对较高,使拱脚由于地基变形引起作用效应增大,所以拱轴系数宜小。软土地基拱脚附近截面宽度宜予增加,或加设一些钢筋和箍筋,可以控制上缘裂缝开展,增强下缘承压能力。

5.2.5 严寒地区的拱桥,由于温度变化剧烈,特别是降温时水平力较大,所以不宜修建矢跨比较小的拱,悬链线拱拱轴线系数相对也不宜大,其情况与软土地基建拱类似。气温下降在弹性中心发生水平拉力,增加拱顶正弯矩和拱脚负弯矩(绝对值),所以拱圈要在低温合龙,减少降温时过大作用效应。低温对拱上建筑受力不利,腹拱宜采用双铰拱或三铰拱,梁(板)式拱上建筑宜采用简支结构(可连续桥面)。对于拱脚和拱顶的加强措施同软土地基拱桥。本条第 3 款要求加强拱脚截面承压能力,其方法是局部加宽或加高拱脚截面,其中局部加宽可加大截面面积而不导致较大弯矩。另外适当在拱脚截面加钢筋。

5.2.7 已建箱形截面拱桥曾发现沿箱间的现浇接缝出现纵向开裂,其原因除拱上立柱位置不当外,箱的横向连接比较薄弱也是原因之一,故箱间的连接应予加强,包括拱上建筑采用立柱式时加强垫梁强度和刚度。此外,拱上立柱应避免设在拱箱边缘,使拱箱受较大扭矩。

由于拱桥主拱圈允许部分被水淹,箱形拱挖空率较大,为减小浮力,应在设计水位以下的腹板及底版内设置进、排水孔。这样也利于通风,减小箱内外温差。

5.2.8 肋式拱桥由于荷载偏压作用比较显著,根据现有桥梁调查,横系梁间距和尺寸需加密和加强,故本条要求加强横系梁的设置,以改善拱的受力。

5.2.9 现浇混凝土拱圈或预制拱圈构件,为控制受拉区裂缝开展,参照《GB 50010—2002 规范》附录 A.2.1 条,在受拉区设置配筋率不小于构件截面面积的 0.05% 的构造钢筋,如因受力需要而设置的钢筋也包括在内。

5.3 拱桥施工

5.3.1 本规范附录 B 为应用本条提出了一些具体的估算预拱度方法,可根据实际情况,在拟定预拱度时参考使用。现将有关问题作进一步说明。

关于满布式拱架的预拱度估算,上世纪六十年代,湖南省石拱桥总结建议为$(1/250 \sim 1/800)l$,l 为计算跨径。因材料、施工水平均在提高,上述上、下限据反映偏高,原规范改为$(1/400 \sim 1/800)l$,这次修订时进一步减小幅度,改为$(1/600 \sim 1/800)l$。

关于预拱度设置,原规范附录三有将悬链线拱轴系数降一级放样的规定。在拱桥手册(1978 年)内也有此提法。交通部公路科研学研究所 1983 年经研究:降低一级,在拱脚 $0.27l$ 长度内,或降低半级,在拱脚 $0.125l$ 长度内,非但不能预拱,反而下凹,故不再使用。附录 B.0.2 所推荐的预拱度设计方法,按抛物线设置,在 $l/4$ 处为 0.75δ(δ 为拱顶预拱度),预拱度较大,适宜于满膛支架施工,不适于无支架施工;按推力影响线的比例设置,在 $l/4$ 处为 0.52δ,适用于拱架施工和无支架施工。

5.3.2 主拱圈及拱上建筑施工加载要求对称和均衡。"对称"包括纵向和横向对称,使主拱受力稳定。"均衡"要求加载重量不要过于集中,施工荷载压力线偏离拱轴线不要过多,使拱圈截面轴向力偏心距较小。对于多孔拱桥还要考虑连拱作用影响。

施工时应根据施工条件,拟定几种不同的安装砌筑程序,选择合理的施工方案,再对各控制截面进行强度和稳定验算。另一方面,在施工过程中应随时观测,控制拱圈变形和挠度,避免出现不对称变形和减少挠度的正负反复变化次数。

多孔拱桥应考虑自重单向推力的影响。

5.3.4 预制构件的吊环严禁使用经冷加工的钢筋,也不得使用 HR335 钢筋(原Ⅱ级钢筋)、HRB400 钢筋(原Ⅲ级钢筋)。否则都会在吊装过程中发生脆断。

6 墩台

6.1 一般规定

6.1.1 镶面石材或混凝土预制块用于保护墩台,如墩台表面一旦受损便于更换,不致影响邻近部位。镶面石材可用块石或粗料石,其加工要求应符合《公路桥涵施工技术规范》(JTJ 041—2000)的规定。

累年最冷月平均温度等于或低于或等于-10℃地区圬工表面易于冻损、风化,所以对其表层材料强度等级作了下限规定。

具有强烈流水的河流的桥墩,迎水面应做破冰棱。如冰块较大,其倾斜度(竖:横)宜小,即破冰棱相对较长,有利于冰块籍自重下压破碎。

6.1.2 非岩石地基修建八字形翼墙桥台,考虑地基不均匀沉降,桥台与翼墙宜设缝分开。桥台背面易于存水潮湿,应涂以沥青防水。现浇混凝土桥台台身沿长度发生收缩裂缝,据了解东北地区较多发生,如施工时沿长度分段且相隔浇筑,则可减少裂缝。现浇混凝土桥台基础养护条件较好,且便于分段相隔浇筑,其伸缩缝间距可较台身为大。沉降缝和伸缩缝应综合安排设置。

6.1.3 原规范第5.1.3条规定相邻墩台均匀沉降差值(不包括施工中的沉降)不应大于 $1.0\sqrt{L}$ cm(L 为相邻墩台以米计的最大跨径长度),现参考前苏联1984年桥涵规范,以不应使桥面形成2‰纵坡为度。关于墩台顶水平位移,尽管原规范第5.1.3条规定有限值,但是该条注内对桩基墩台又可不受限制,实际上放宽甚至可不考虑。经查美国规范和前苏联1984年规范,都没有关于水平位移限值的规定(前苏联1962年规范有规定,1984年规范已删除)。墩台水平位移对于行车影响并不显著,但是对伸缩装置有一定影响,这将由伸缩装置设计中的伸缩量增大系数 $\beta=1.2\sim1.4$(见《公路钢筋混凝土及预应力混凝土桥涵设计规范》(JTG D62—2004)来调节。根据上述理由,本条内不作墩台顶水平位移限值规定。

6.1.6 圬工基础的扩散角,可作以下说明:

1 均布荷载在圬工砌体的压力分布,近似于梯形,见图6-1。在深度 h 处,压应力为梯形,其长度为 $(a+2\times1.57h)$。如梯形面积以同面积的矩形代替,则其长度将为 $(a+2\times0.79h)$,此时扩散角为38°。因此,就圬工本身而言,其内部压力传布的扩散角不应大于

38°。

2 当圬工内压力传至地基时,地基承压应力的图式与压力大小、基底尺寸、土的压缩性、基础埋深有关,有马鞍形、抛物线形、哑铃形等。在计算地基承压力时,一般采用文克尔假定,即地基变形与地基应力成正比,也就是用弹性材料力学公式计算地基承压应力。这说明地基的计算应力与实际应力,两者应力图式并不完全一致。所以,地基应力对圬工基础的反力,及由此反力引起在圬工内的应力计算,很难做到准确。此外,基础台阶襟边部分作为短臂深梁,其应力分布图式也不同于一般浅梁。

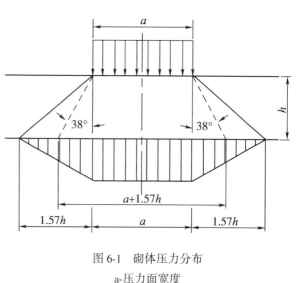

图 6-1 砌体压力分布
a-压力面宽度

3 根据以上所述,圬工基础的扩散角,不仅要反映圬工内部的压力分布,而且要考虑地基反力对襟边的作用。因此,为了简化计算,规范对于不同圬工,规定了扩散角的限值,在此限值以内,基础襟边受力可不作验算。本条规定的扩散角限值,仍沿用原规范的规定。其值与《建筑地基基础设计规范》(GB 50007—2002)表 8.1.2 比较,大致接近,个别情况略小于该规范。

6.1.7 空心墩台如不设壁孔,将使墩台壁承受静水压力,而且壁外河水通过墩壁向墩台内渗透,使混凝土受损。此外,如果基础底面以下是透水地基,河水尚对桥墩台身和基础产生浮力,不利于稳定。所以,空心墩台壁应设壁孔。对于水位以上及旱桥的空心墩台壁,也宜设壁孔,但壁孔尺寸可适当减小,用作通风。

6.2 梁、板式桥墩台

6.2.1、6.2.2 墩台帽厚度,由于按跨径长度分类的大、中、小桥指标有所增大,且加了特大跨径,故较原规范第 5.3.2 条有所加大。支座边缘至墩台身边缘距离,根据上述同样理由,较原规范第 5.3.3 条也有所加大。板式橡胶支座更换如采用扁千斤顶,梁底与墩顶之间应预留设置扁千斤顶空间,其高度需视千斤顶高度而定。

6.2.3 本条沿用原规范第 5.3.4 条的规定。实体桥墩的底宽,需计算确定,根据经验,其值约为墩身高度的 1/5~1/6,对于石砌桥墩可取较大值,混凝土桥墩可取较小值。

6.2.4 本条沿用原规范第 5.3.5 条的规定。U 型桥台作整体 U 型截面计算的条件为 U 型桥台两侧墙宽度之和不小于同一水平截面前墙全长的 0.4 倍,若达不到此要求,前墙、侧墙应分别按独立墙计算。

6.2.5 对埋置式桥台或岸墩,其前后土压力可按《公路桥涵设计通用规范》(JTG D60—2004)(以下简称《JTG D60 规范》)内推荐公式计算。

6.2.6、6.2.7 轻型桥台是20世纪50年代从前苏联引进的,适用于小跨径的圬工桥台,原为单孔一字墙或八字翼墙(八字墙与台设缝分离),后发展为最多三孔但全长不大于20m。除上述外,我国还发展了采用耳墙挡土的轻型桥台。轻型桥台上部结构过长,因其与墩台均为铰接,上部结构因混凝土收缩和温度升降而产生的伸缩量将增大,这将导致桥头的路桥衔接处发生凹凸现象。

6.2.8 加筋土桥台在我国目前已开始应用。根据调查已建成使用的有7座,其中整体式3座,组合式4座。在3座整体式桥台中,均是单孔跨径6~8m的板式桥,台高一般为5~6m。

在组合式桥台中,加筋体不需承受支座传递的荷载,因而桥跨大小不影响加筋体的稳定。但整体式桥台则不同,支座传递的荷载通过垫梁,作用在加筋体上,所以桥跨度大小、桥台高度均是直接影响加筋体强度与稳定性的主要因素,目前还很缺乏设计和施工方面的经验。为此,在此次编制规范时,暂不列入整体式桥台。

对于加筋土桥台的型式,通常采用的有U形、八字形和一字形。选择时应考虑加筋土结构的构造特点和桥台与路堤的平顺衔接。如桥涵斜交角较小或与带有支档构造物的路堤衔接时,采用U形比较合适;如桥台斜交角较大或与填方路堤衔接时,则适宜选择八字或一字形桥台。

6.2.9 组合式桥台是常规的桩柱式桥台和加筋体共同组成的一种复合式桥台。根据桩柱位置分为内置组合式和外置组合式两种,不论何种形式,上部结构均由桩柱顶部盖梁支承,加筋体不承受支座传递的荷载。因此桩柱与盖梁的设计与常规桥梁设计要求相同,应按公路桥涵有关设计规范进行。

组合式加筋土桥台在国内工程实践较少,此次调查内置式与外置式仅各有2座,因此在设计与施工方面均缺乏经验,条文中建议的一些具体尺寸,主要参考了国内已有工程和国外加筋土规范的有关规定。

6.2.10 在外置组合式桥台中,搭板是不可缺少的连接装置。在内置组合式桥台中,虽然垫梁或盖梁与其后的填土已有相互衔接,但通常为了减轻或避免在交界处产生错台而加剧车辆的冲击作用,也应考虑设置桥头搭板。这在我国公路刚性路面设计规范中给予了明确规定并提出了具体措施。法国加筋土规范对搭板(连接板)的设置作出了原则规定,但未说明具体的设计方法。

6.2.11 局部平衡法原理是根据作用在填料中最大拉应力点上的应力,计算拉筋最大

拉应力 T_{imax}。

加筋土内部稳定性分析的目的是确定筋带断面与长度,局部平衡法是它的基本方法。

6.3 拱桥墩台

6.3.1 本条参照原规范第5.2.1条的规定,略作修改。有关数据根据已建拱桥尺寸拟定。

6.3.2 本条沿用原规范规定。台后的土侧压力,原规范规定一般情况下可采用主动土压力,或按填土压实情况采用静土压力或静土压力加土抗力。本条取消了采用静土压力或静土压力加土抗力的规定,因为静土压力为主动土压力的1.3～1.6倍,只有桥台向路堤方向移动开始瞬间才出现;至于计入土抗力,其前提是桥台要有后移变形,才能产生土抗力,而桥台后移变形值难以估计准确,这将影响以后的一系列计算值,包括因桥台后移在拱圈内产生的附加内力。所以,此次修订不再考虑静土压力和土抗力。

6.3.3 组合式桥台自上世纪70年代以来已为各地所采用,实践证明效果良好,解决了某些拱桥的推力问题,为竖桩修建拱桥桥台提供了途径。采用组合式桥台的有湖南长沙湘江大桥东岸引桥、东山大桥、红山庙桥、渌江桥、涝刀河桥、青羊树桥(109国道)等。组合式桥台的计算一般采用静力平衡法,如本条所述。组合桥台另一计算方法是变形协调法,在原规范第5.2.3条内有此规定。考虑到拱桥桥台一般不宜作水平位移,而桩基或沉井的水平位移值均涉及土的特性和土抗力,也难以计算准确,所以,本条不再将变形协调法列入本条文内。如果设计时有确切的计算参数,如侧向地基系数、竖向地基系数、地基剪切系数等,仍可采用变形协调法;计算时由于允许拱脚位移,所以也应计算因拱脚位移引起拱圈的附加内力。

组合式桥台的前台与后座之间的沉降隔离缝两侧结构物的接触面,要求先期完成的结构表面光洁细致,然后涂以隔离油脂,将先期完成的结构表面作为后期结构的模板,以保证接触面两边紧密接触又可相互自由沉降。组合式桥台的后座基底标高,应低于拱脚截面底缘标高,这是考虑水平力向后传递时将向下扩散。

组合式桥台应注意桩基周围地基沉降引起的负摩阻力。施工时应控制填土速度。

拱的推力和竖向力分项系数需视产生该推力和竖向力的永久作用和可变作用的分项系数而定。

7 涵洞

7.0.1 涵洞的泄水能力与其工作状态有关。涵洞工作状态可分为以下三种：

1 无压力状态——涵洞水流通过涵洞全长时，水面不接触涵洞顶面，且进水口与宽顶堰的作用相同，涵洞处于无压力状态。

2 半压力状态——涵洞进水口被淹没，洞内流水不接触洞顶，出口不被淹没时，涵洞处于半压力状态。

3 压力状态——涵洞进、出口都被水淹没，涵前水深在1.2倍涵洞的净高以上，水流在压力下通过涵洞时，涵洞处于压力状态。

压力式涵洞必须保证涵身不漏水，不能让水渗入路基，影响路基强度和稳定性，同时由于流速较大，必须加深涵洞基础和加强涵底铺砌的工程，来保证进出口、基底和其附近路基、农田不致被冲毁，所以，一般在确保提高排洪能力的情况下，才可采用压力式涵洞。半压力式涵洞因水位起落变化引起水流不稳定，因此在公路上也不常用。《JTG D60规范》规定涵洞宜采用无压力式涵洞。

洞口建筑包括进水口和出水口两部分。洞口形式与涵洞的渲泄能力和基底铺砌类型的选用有密切关系。所以，洞口型式必须满足水流顺畅，保证附近路基的稳定。洞口建筑类型有八字式、端墙式、锥坡式、直墙式、扭坡式、平头式、走廊式及流线型等，其中常用的有八字式、端墙式、锥坡式、走廊式和平头式。

本条对于涵洞内径和净高的规定，系考虑涵洞便于养护、清理。

7.0.2 涵洞设置沉降缝在于适应基底受力不均而引起的基础不均匀沉降，所以，除设置在岩石地基上的涵洞或圆管涵，可以不设沉降缝外，在土质地基上的涵洞或圆管涵，应每隔适当长度在整个涵长（包括基础）上设置沉降缝，以确保涵洞安全。一般沿涵身每隔4~6m左右设一道沉降缝。圆管涵的管节预制长度通常根据施工预制安装及沉降缝的设置而定。

涵洞地基土发生变化和基础填挖交界处，以及采用填石抬高基础处理的涵洞的地基，都应视实际情况设置沉降缝。

沉降缝缝隙间填塞浸涂沥青的木板或浸以沥青的麻絮，沉降缝周围应设置厚约200mm、顶宽约200mm的粘土保护层。

压力式涵洞和圆管涵或倒虹吸管涵洞的沉降缝，除了按上述对沉降缝的处理外，还要设置防水层。设置防水层的常用方法是用热沥青敷包两层油毡于管外壁，或沿全管外敷200mm厚的掺入麻刀的塑性粘土；还有在缝隙背面用防水水泥砂浆涂抹后，再在涵洞顶面及涵台外侧填筑约150mm厚的胶泥防水层等做法。

7.0.3 涵洞出入口附近沟床应予铺砌。对于无明显沟槽的河沟，其出口铺砌的平面形式，1964年12月铁道部铁道科学研究院曾做了模型试验，其结果是：下游最大局部冲刷深度，当采用矩形时为3.72m；水流扩散角20°的等腰三角形时为3.15m；水流扩散角30°的等腰三角形时为3.05m。从上面看当水流扩散角20°和30°时，下游局部冲刷深度无显著差别，而铺砌工程量后者增大不少，故铁路规范自1975年以来一直规定为采用扩散角为20°的等腰三角形铺砌。

7.0.4 为了保证涵洞的稳定及减小管壁受急流冲刷，本条对涵洞洞底纵坡作了规定。当纵坡太大时，应将基础分段做成阶梯形，以保证基础的稳定。

7.0.5 涵洞顶上及两侧填土，必须分层夯实，主要考虑：
1 避免填土不均匀沉降而破坏路面。
2 《JTG D60规范》规定，涵洞竖向土压力采用土柱自重力。对于上埋式涵洞，涵顶除承受土柱重力外，还承受因涵顶填土与涵侧填土的沉降差而产生的向下的摩擦力[图7-1b)]。由于涵洞仅计算土柱自重力，因此，涵洞顶部及两侧填土均应分层夯实，特别是洞身两侧填土的夯实尤为重要。如洞身两侧填土沉降大于洞顶填土的沉降，势必增加对洞顶的附加压力。

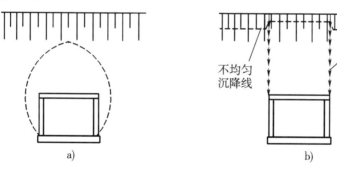

图7-1 涵洞顶上竖向压力
a)密实土的自然拱；b)由于填土不均匀沉降而产生的摩擦力

有一种看法认为：涵洞顶上填土竖向压力，可按填土内形成的自然拱（卸载拱）来确定[图7-1a)]。竖向压力随着填土高度的增加而增加，并最后达到一个定值（自然拱起作用），其值不超过涵顶土柱重力。土中自然拱，仅在路基完成若干年以后和填土密实的情况下才能形成，在已建路基内用顶管法或坑道法施工即是一例。这项有利因素不能考虑。

7.0.6 涵洞的承载力计算，可参照本规范第5.1.4条关于拱桥计算的规定，由于涵洞系实腹拱、跨径小、长度大，可仅作拱的截面强度验算，而不作拱的整体"强度—稳定"验算。

拱涵一般采用陡拱（矢跨比≥1/4）为宜，因为拱涵顶填土较拱桥为厚，采用平拱会因推力相对较大,而使地基承压力加大和涵台圬工数量增加。另外,涵洞拱圈跨径小(<5m)时,厚度相对较大,如用平拱,其弹性压缩、混凝土收缩和温度变化影响力均较大,易引起拱圈开裂。就涵洞的构造而言,一般拱顶距路基边缘标高尚有相当的空间,采用陡拱也是合理的。

原规范第6.0.6条第三款规定计算拱涵内力时可不考虑曲率、剪切变形、弹性压缩对内力影响,也不计混凝土收缩和温度变化效应。弹性压缩对跨径小但厚度又较大的拱涵而言,影响较大,不能忽略,而现在的圆弧拱计算表,已计入弹性压缩引起的效应;至于混凝土收缩和温度变化,原规范第6.0.6条第三款规定可不考虑,本规范仍予沿用。但在第7.0.5条内对现浇混凝土的浇筑提出减少成拱后的混凝土收缩的要求。

涵台压力在基础内的分布及地基的承压力图式,可参阅本规范第6.1.6条说明。涵洞的跨径较小(<5m),基础高度相对较大,加之涵洞以均匀对称的恒载为主,因此,可以认为整体式涵洞基础是刚性的整体,地基沉降比较均匀,地基承压力近似平均分布。

附录 A

石材强度等级系数参照《砌体结构设计规范》(GB 50003—2001)制定,石材砌体分类沿用原规范制定。

附录 B

拱桥的预拱度的计算与设置,参照原规范、《公路设计手册—拱桥》(1978)和1983年8月《少箱薄壁多段施工的大跨径钢筋混凝土拱桥设计中的几个问题》(交通部公路科学研究所)制定。